北京市教育科学"十四五"规划2021年度一般课题
《基于儿童视角构建幼儿园生活美育课程的行动研究》
（CDDB21242）课题成果

儿童视角的
幼儿园生活美育课程

梁　艳 ◎ 主编

中国农业出版社
农村读物出版社
北　京

编委会

美育是审美教育，也是情操教育和心灵教育，不仅能提升人的审美素养，而且能潜移默化地影响人的情感、趣味、气质、胸襟，激励人的精神，温润人的心灵。《教育部关于全面实施学校美育浸润行动的通知》中指出，以社会主义核心价值观为引领，弘扬中华美育精神，坚定文化自信，以浸润作为美育工作的目标和路径。

"安心静意，顺承其美"，北京市西城区长安幼儿园（以下简称长安幼儿园）在"十五"至"十三五"期间致力于"以美育人"的研究和探索，积累了丰富的经验。在"十四五"期间，长安幼儿园的老师们通过倾听儿童，以生活为切入点，挖掘美的内在价值，不断调整完善、丰富创新生活美育活动。长安幼儿园经过三年多脚踏实地的潜心研究，形成了本书。书中凝聚了最美"长安人"的集体智慧，向我们呈现了儿童视角的生活美育经验。

本书具有以下特点：

一、凸显儿童视角

儿童视角倡导的是一种新型的儿童观，主张尊重儿童的主体性地位，尊重儿童的兴趣、认知特点、身心发展规律、经验，从儿童的角度去看待问题。幼儿园课程是儿童自己的课程，应该坚持儿童视角的基本取向，在真正地倾听儿童、理解儿童的基础上设计与实施课程，才能真正促进幼儿的全面发展。在生活美育课程中，教师赋权幼儿，从儿童立场出发，倾听幼儿的兴趣和需要。幼儿有丰富的参与和自由表达的机会，能够以自己独特的方式真实表达自己对事物的认识和体验，能够真正享受自主创作的过程，能够对自己以及自己与自然、社会的关系进行评价和反思。

二、展现生活美育

美育源自幼儿的生活，幼儿在生活体验中获得与积累美的经验、兴趣，进行想象、表现和创造。生活美育就是美育回归到幼儿的现实生活中，美育与生活相融共生，实现健全人格的发展。"长安人"从大美育的视角出发，以美培德、以美启智、以美健体、以美育美、以美促劳，造就幼儿德智体美劳全面发展的教育生态，立足于幼儿在生活中的真实感受、经验，选择与幼儿生活中的人、事、物密切相关的内容，尝试运用已有生活经验对生活中的事物进行感知、理解、想象、创造，形成感受美、欣赏美、表现美和创造美的能力和审美情感、态度，以美点亮幼儿的美好心灵，为幸福人生奠定基础。

希望本书的出版能抛砖引玉，为幼儿园教师倾听幼儿、开展生活美育活动提供参考，从而推动儿童视角和幼儿园美育的研究迈上新台阶。"安心静意，顺承其美"，这是"长安人"的追求，也是我们幼教人的共同期待。

北京市西城区教育委员会学前科科长　张　娟

2024 年 9 月

《国务院办公厅关于全面加强和改进学校美育工作的意见》中指出：弘扬中华美育精神，以美育人、以美化人、以美培元，把美育纳入各级各类学校人才培养全过程，贯穿学校教育各学段，培养德智体美劳全面发展的社会主义建设者和接班人。《教育部关于全面实施学校美育浸润行动的通知》中提出：加强美育与德育、智育、体育、劳动教育的融合，挖掘和运用各学科蕴含的品德美、社会美、科学美、健康美、勤劳美、自然美等丰富美育资源。我园建设以"安心静意，顺承其美"为文化理念的"安·美"园所文化，秉承"以美育美"的教育文化。

美育是幼儿全面发展过程中十分重要的一部分。就目前幼儿园美育的实践而言，容易出现以下问题：忽视儿童视角而代之以成人视角，忽视儿童的发展和需要而遵从学科本位；美育的内容拘泥于美术、音乐等学科内容，美育的手段忽视幼儿的体验、操作，忽视美育应有的愉悦性和陶冶性。解决以上问题，需要将美育与生活结合起来，其原因有二。一方面，与其他教育相比，美育更多的是渗透在幼儿的点滴生活中，是一种"润物细无声"的教育。幼儿的学习以直接经验为主，具有整体性、游戏性的特点。幼儿在生活中自由地玩耍、自由地体验、自由地创造。生活既是美育教育的内容，又是美育教育的重要途径。幼儿美育只有立足于幼儿生活，从幼儿的生活中来，在幼儿的生活中展开，才能真正让幼儿健康发展。另一方面，未来社会需要的人应具备健全的人格，能以一种审美的态度和创新的方式面对我们的世界和生活。支持幼儿趋向美好而有意义的生活是美育的责任和使命，让幼儿体验生活的意义，发现生活的细节，用美的眼睛寻找生活的乐趣是幼儿美育的努力方向。

为此，我们深入学习和研究《幼儿园教育指导纲要（试行）》《3～6岁儿童学习与发展指南》和《幼儿园保育教育质量评估指南》，结合"安·美"园所文化建设，反复讨论、推敲，以"美"为关键点进行拓展。2021年7月，我园成功申报了北京市教育科学"十四五"规划2021年度一般课题"基于儿童视角构建幼儿园生活美育课程的行动研究"，将艺术领域的研究拓展到广义的美育，拓展到幼儿对自己生活中人、事、物的美的关注，以儿童视角为出发点，倾听儿童，以生活为切入点，挖掘美的内在价值，不断调整完善、丰富创新生活美育活动，旨在使幼儿真正在生活环境中感受和表达人、事、物的美，提升整体素质，浸润美好心灵。

本书立足于课题研究，生动展现了三年来我园教职工和幼儿共同走过的探索历程。本书共分为三章：第一章从理论上阐述了儿童视角的幼儿园生活美育课程的概念、理论基础、课程目标、课程内容、课程实施、课程评价；第二章梳理出儿童视角的幼儿园生活美育课程实践，包含课程故事、案例；第三章为儿童视角的幼儿园生活美育课程问答，是老师们在实践中的困惑梳理和解答。

我们的课题研究得到了北京市西城区教育委员会学前科张娟科长、西城区教育研修学院乔梅院长、西城区教育研修学院学前部陈立主任、西城区教育科学研究院办公室主任杜志勇老师、西城区教育系统导师团朱小娟老师等专家老师的深入指导和无私帮助，在此表示我们真挚的感谢。同时，要感谢长安幼儿园的全体幼儿、教职工、家长，正是大家用心倾听，才有了在生活美育中的互相成就。

我们将大力弘扬教育家精神，落实新时代党的教育方针，继续以"安·美"文化为引领，与幼儿同行，与美同行，为培养德智体美劳全面发展的社会主义建设者和接班人不懈努力。

北京市西城区长安幼儿园党支部书记、园长　梁　艳
北京市西城区长安幼儿园副园长　罗琳月
2024 年 9 月

目录

序言
前言

第一章
儿童视角的幼儿园生活美育课程概述

第一节 儿童视角的幼儿园生活美育课程概念界定

一、儿童视角

儿童视角是指幼儿园教师在生活美育课程中，拥有的一种能够尽量站在幼儿的角度设计和实施活动的儿童立场，表现为教师能够倾听、理解、尊重幼儿感知、理解、表达和创造的独特方式，并支持幼儿自主感受与欣赏、表现与创造。具体来说，就是教师要在生活美育课程中，赋予幼儿参与和自由表达的丰富机会，从儿童立场出发，根据他们的兴趣、需要和能力，支持他们以自己独特的方式真实表达自己对事物的认识和体验，能够真正享受自主创作和自主思考的过程。

二、生活美育

美育源自幼儿的生活，幼儿在生活体验中获得与积累美的经验、兴趣，进行想象、表现和创造。生活美育就是美育回归到幼儿的现实生活，美育与生活相融共生，实现幼儿健全人格的发展。

三、幼儿园生活美育课程

幼儿园生活美育课程是从儿童视角出发，发现幼儿心中美的力量，立足于幼儿对生活中的人、事、物的兴趣、经验，支持幼儿自主对生活中的事物进行感知、理解、想象、创造，获得新经验，形成感受美、欣赏美、表现美和创造美的能力及审美情感、态度，用美点亮美好心灵，为全面发展和幸福人生奠定基础，具体包括儿童视角下的幼儿园生活美育课程目标、课程内容、课程实施及课程资源等。

第二节 儿童视角的幼儿园生活美育课程理论基础

陶行知是我国现代著名的教育家，他重视生活本身所具有的审美属性，将审美教育生活化，主张在广阔的生活中面向大众实施美育。他的生活美育不局限于某种特定的教育手段和艺术形式，而是建立在全部的生活实践之上，贯穿在所有的生活审美经验之中。

一、生活美育的目的论：创造真善美的活人

陶行知在《育才学校之歌》中指出"真即善，真即美，真善美合一。"[1]真善美都是生活世界原有的，并且真善美不容分割。真善美合一是生活世界的本真，将"创造真善美的活人"作为生活美育的目标，即全面发展的人。一方面坚持美育目标指向人的感性发展，保持美育的独立品格；另一方面强调"真善美合一"，强调美育与其他教育形态之间的必然联系。美育以审美为教育的手段，培育健全人格和心理。"活人"关注受教育者个性的发展。儿童视角的生活美育课程主张倾听、理解和支持幼儿，以美促进全面发展。

二、生活美育的方法论：教学做合一

陶行知从"行为知之始，知为行之成"的认识论出发，构建了生活美育的基本方法，即"教学做合一"，体现了美育的过程性、主体性和全面性。而"做"又是"教学做合一"的核心，强调主体的参与，凸现了幼儿作为人的主体性。[2] 在儿童视角的生活美育课程中，教师倾听幼儿，开展体验式、游戏化的生活美育活动，以幼儿为本，充分发挥幼儿的主动性和能动性。幼儿在课程中感受到被尊重、被看见，感受到自己的力量。

第三节　儿童视角的幼儿园生活美育课程目标

一、儿童视角的幼儿园生活美育课程目标

《国务院办公厅关于全面加强和改进学校美育工作的意见》中指出：弘扬中华美育精神，以美育人、以美化人、以美培元，把美育纳入各级各类学校人才培养全过程，贯穿学校教育各学段，培养德智体美劳全面发展的社会主义建设者和接班人。《教育部关于全面实施学校美育浸润行动的通知》中提出：加强美育与德育、智育、体育、劳动教育的融合，挖掘和运用各学科蕴含的品德美、社会美、科学美、健康美、勤劳美、自然美等丰富美育资源。

新时代需要的人应具备健全的人格，能以一种审美的态度和方式面对我们

---

① 陶行知．陶行知全集（第4卷）[M]．四川教育出版社，1991：30．
② 张建中．论陶行知的生活美育理论及其当代启示 [D]．贵州大学，2007．

的世界和生活。支持幼儿趋向美好有意义的学习和生活是美育的责任和使命，助力幼儿体验生活的意义，发现生活的细节，用美的眼睛寻找生活的乐趣是幼儿美育的努力方向。美育是一种通过情感引发，进而促进人格完善的学习，不是"为艺术而艺术"，需要从功利化的形式中脱离出来，回到育人本身，进而实现人生的艺术化与情趣化。美育不同于其他教育，它形态自由，更容易渗入其他教育，从而形成有机的整体。

仅仅指向狭义艺术领域的美育不足以支持幼儿更好地适应未来生活，不足以支持幼儿"真、善、美"的理解与表达。我们将艺术领域的研究拓展到广义的美育，拓展到幼儿对自己生活中人、事、物的美的关注。"五育融合"目标下的幼儿园生活美育课程是将"美的元素"融入课程体系中，以课程为载体，以生活为切入点，挖掘美的内在价值，才使幼儿在生活环境中真正地感受和表达人、事、物的美，获得全面发展，浸润美好心灵。

因此，儿童视角的幼儿园生活美育课程是以幼儿为本，以陶行知先生的生活美育思想为理论基础，以美育人，促进幼儿全面发展的课程。其课程目标具体包括以美培德、以美启智、以美健体、以美育美、以美促劳五个方面。

（一）以美培德

1. 拥有美好、善良的心灵，体验与同伴友好交往的快乐。
2. 欣赏、感受祖国文化的丰富性，有初步的爱家乡、爱祖国的情感。

（二）以美启智

亲近大自然，有好奇心和探究欲望，养成专注力、计划性等学习习惯。

（三）以美健体

感受快乐健康生活的美好，养成良好的运动习惯和健康生活的态度。

（四）以美育美

1. 能发现和感受生活中的美，萌发审美情趣。
2. 懂得珍惜美好事物，能用自己的方式去表现美、创造美。

（五）以美促劳

体验劳动的乐趣和光荣，具备初步的生活自理能力，养成良好的劳动习惯和品质。

二、儿童视角的幼儿园生活美育课程各年龄段目标

在儿童视角的前提下，各年龄段的生活美育课程目标侧重点有所不同：小班侧重于在生活中对美的感知与体验，中班侧重于在生活中对美的理解与初步表达，大班主要是在生活中对美的创造性表现和丰富。具体见表1。

表1　儿童视角的幼儿园生活美育课程各年龄段目标

年龄段	目标
小班	喜欢自然界与生活中美的事物，能自发进行表现，并乐在其中。
中班	发现美的事物的特征，运用多种方式表现自己的所见所想。
大班	理解生活中的美与我的关系，创造性地运用多种工具、材料等表现、表达自己的感受和想象，美化生活。

第四节　儿童视角的幼儿园生活美育课程内容

从儿童视角出发，相信幼儿有自己的权利、独特的文化、别样的视角、令人钦佩的观点。在生活美育课程中，幼儿从自己的生活感受和生活经验出发，主动发现和探索自然、社会、艺术的美，具有感受美、表达美和创造美的能力和态度，在内心生发美的种子。在对幼儿的倾听和与幼儿的互动中，师幼共同生发了有意义的学习，积累出生动、有趣、有意义的生活美育活动。具体包括自然美育、社会美育、艺术美育的相关课程内容（表2）。

表2　儿童视角的幼儿园生活美育课程内容

类别	内　涵	课程内容列举
自然美育	充分挖掘幼儿园及周边的自然环境资源，基于儿童视角，教师和幼儿一起感受大自然的美妙。在探究与发现的过程中，保持探究与学习的热情，在感受自然美的同时，获得终身积极主动学习的态度和能力。	小班：遇见蔬菜　中班：我和我的动物朋友　大班：和秋天做游戏
社会美育	从儿童视角出发，运用幼儿身边的社会生活资源，包括自我服务、人际交往和社会适应，支持幼儿学会爱自己、爱他人，追求生活的真、善、美，不断发展社会适应能力，涵养文化底蕴，形成基本的认同感和归属感，养成良好的品质。	小班：降落到凡间的小天使　中班：很高兴遇见你　大班：当紧张来敲门
艺术美育	艺术源于生活，从幼儿的兴趣、需求和经验出发，依托人类优秀的美育资源，教师和幼儿一起发现和感受其中的美，并用自己独特的方式进行表达创造，丰富审美素养，产生美好的生活情感。	小班：你眼中的花　大班：我的北京鬃人　大班：走近《清明上河图》

借助自然美育课程，幼儿与自然和谐共生。例如，雪后，孩子们发现门口角

落里和屋檐下滴水的地方有冰块，提出了滑冰的想法。"能不能建冰场？""怎么建冰场？"……孩子们围绕自己发现的问题，与同伴一起去调查、讨论、探索。

借助社会美育中的自我服务课程，幼儿成为生活的小主人。例如，每月怎么退被褥？孩子们与同伴合作尝试解决被子装袋的问题，自己动手用户外小车、带轱辘的床等材料将被褥运送到大门口。看到他们自己拎着被子自信地走出大门，家长纷纷称赞"孩子们真能干"。我们充分挖掘生活中的教育资源，把幼儿的事情还给幼儿，让幼儿感受到做自己力所能及的事情的自信与自豪。

借助社会美育中的社会适应课程，倡导文化自信。新年到了，孩子们想过一个什么样的新年呢？我们倾听幼儿，尊重幼儿的兴趣、想法。孩子们想在幼儿园中穿汉服，他们喜欢汉服的纹饰，好奇作揖礼，延伸出了投壶、射箭、蹴鞠等多种好玩、有趣的班级游戏。自己统计全园幼儿喜欢的美食，主动跟食堂叔叔沟通，设计和布置自己想要的自助餐，展现了幼儿力量。

借助艺术美育课程，涵养幼儿艺术化的独特表达方式。在"走近《清明上河图》"活动中，孩子们好奇"墨是怎么做出来的？""《清明上河图》到底有多长？"……孩子们浸润其中，发现美、感受美，并用自己独特的方式进行表达创造，传承、创造水墨更多的精彩。

在儿童视角的生活美育课程中，幼儿充分感受和表现身边的人、事、物的美。美也在浸润幼儿的心灵，使幼儿获得美的享受、心灵的启迪，实现全面而有个性的发展。

第五节　儿童视角的幼儿园生活美育课程实施

一、儿童视角的幼儿园生活美育课程实施途径

1. 借助幼儿的多元表征、观察记录、一对一倾听（表3），每天梳理一次儿童视角的生活美育课程方案，探究课程组织实施策略。

表3　倾听回顾记录表

班级		对象		教师	
地点		时间			
观察记录	一、游戏名称： 二、观察目的： 三、观察实录：			分析：	

（续）

班级		对象		教师	
地点		时间			
倾听表征				分析：	
分享回顾	一、话题： 二、形式： 三、可利用资源： 四、关键提问：			分析：	
支持拓展					

2. 开展每周一次的班级教师共同体观察，以儿童视角观察幼儿，持续倾听儿童声音，认真观察幼儿在半日活动中的行为表现。通过一段时间的持续观察，对幼儿的发展情况和需要进行客观全面的分析。

3. 借助每月一次的科研课程审议会（含观摩）共同研讨，重点关注儿童视角的生活美育课程目标、课程内容、课程发展线索（幼儿学习路径）、课程组织实施等，形成儿童视角下的深度活动。

（1）在课程目标上，教师倾听幼儿，心中明确幼儿发展的关键经验，分析其中的价值，进行价值判断。

（2）在课程内容上，研究并选择符合幼儿兴趣和发展需要的课程内容，制订幼儿园生活美育课程方案。关注幼儿兴趣的延续性、幼儿发展的全面性、活动内容的可操作性等。

第一，聚焦艺术，开展以艺术审美为主线的生活美育系列活动。第二，聚集一日生活中的资源开展活动，一是人与社会类活动，即人文类活动，如开展与节日、建筑、服饰等相关的活动；二是人与自然类活动，如与季节等相关的活动。

（3）在课程实施上，跟进各班级课程实施进程，探究课程组织实施的有效策略，不断分析幼儿的需要，关注幼儿学习经验的延展、延续性，改进、调整课程实施方式。

4. 开展每月一次的班级教师借助问题进行本班生活美育课程的自我审视，关注儿童视角下的生活美育课程的设计与实施。

（1）在课程目标上，儿童视角的生活美育活动中，幼儿的多元学习有哪些？

（2）在课程内容上，这个问题是哪些幼儿感兴趣的？解决这个问题，幼儿能获得新的经验吗？解决这个问题，幼儿能得到哪方面能力的提升？解决这个问题是接近幼儿能力范围的吗？幼儿能从中获得成就感吗？

（3）在课程实施上，如何关注和分析幼儿经验发展的连续性？幼儿在活动中的参与方式是什么样的？如何有效支持其学习？如何尊重幼儿的主体性？怎样把握适宜的时机支持和回应幼儿？幼儿的想法是不是得到了适宜的回应？家长如何支持课程的发展？资源观下如何整合和利用资源，延伸和拓展活动？

5. 借助每月一次的家长会、一对一倾听记录等家园协同共育方式扩展生活美育课程资源，共同支持幼儿在生活美育课程中感受、表现和创造的一致性、迁移性。

6. 借助每学期一次的"安·美"课程交流分享会，总结凝练适宜不同年龄儿童的课程资源。

课程名称：

班级：小班/中班/大班　　　　　　　　　姓名

课程来源：

课程目标：

网络图：

课程纪实：

故事一：

……（纪实）

倾听幼儿：

倾听家长：

倾听班级教师：

教师思考：

故事二：

……（纪实）

倾听幼儿：

倾听家长：

倾听班级教师：

教师思考：

课程反思：

管理思考：

……

二、儿童视角的幼儿园生活美育课程实施策略

幼儿是主动的学习者。教师以幼儿为主体，将幼儿对生活中美的感受与表达建立在幼儿需要的基础上，与幼儿的年龄特点、发展水平等方面相结合，通过采取相应的策略给予幼儿有效支持，使幼儿自主感受与表达生活中的美，进而获得主动学习。具体实施策略见表4。

表4　儿童视角的生活美育课程组织实施策略

策　略	内　涵
倾听共情策略	运用绘画表征、拍照等多种方法，开展一对一倾听，倾听幼儿，共情幼儿，理解幼儿的兴趣和需要，与幼儿一起生发多种学习和游戏。
多元对话策略	倾听班级其他幼儿、班级每一位教师、其他相关教职工、管理干部、家长等不同的声音，整合多方资源，尽可能获得更加完整的关于幼儿的信息。
回归生活策略	陶行知认为真正的生活教育是"以生活为中心的教育"，是"供给人生需要的教育"，是生活所原有、生活所需要的教育。儿童视角的生活美育课程是为幼儿生活服务的，是从生活中来，又回归到生活中去的课程。
系统整合策略	儿童视角的幼儿园生活美育课程的设计与实施以系统论为指导，以幼儿全面整体发展为核心，用整合的方式将幼儿的学习联系起来，关注幼儿学习与发展的整体性，注重幼儿学习内容和目标的相互渗透，从不同角度支持幼儿身心全面和谐发展。
尊重差异策略	生活美育课程的设计与实施以各年龄段幼儿的发展特点为基础，小班重在对生活美育资源的感知；中班重在对生活美育资源内涵的理解和体验，大班重在对生活美育资源创造性地表现和丰富。同时尊重每位幼儿的想法和创造，肯定和接纳他们独特且富有个性的感受与表达，支持每位幼儿获得美的熏陶。
环境熏陶策略	运用生活中幼儿熟悉并感兴趣的各种情景、多种资源、身边的人等引导幼儿投入美的活动中，支持幼儿获得知、情、意、行的发展。
情感激发策略	幼儿在生活美育课程中需要融入自己的情绪情感，产生一定的内心感受和情绪体验，用心灵去感受生活中的美，表达自己的情感，体会生活的多彩与美好。
游戏支持策略	在开展儿童视角的幼儿园生活美育课程时，有效运用自主游戏，支持幼儿获得自主性、胜任感和成就感。幼儿在玩中欣赏美、感受美、表现美、创造美，在玩中学，在玩中求发展。
活动体验策略	幼儿园生活美育课程最大化地满足幼儿通过直接感知、实际操作和亲身体验获取经验的需要，在自然、宽松、愉快的氛围中通过多种感官去感受美、体验美、表达美、创造美，主动而积极地习得和内化成自身的情感和行为。

（续）

策　略	内　涵
提问启发策略	在幼儿园生活美育的实践中，充分相信幼儿的潜能，相信幼儿有强烈的探索、发现、尝试、创作的欲望。教师通过开放且有意义的提问，支持幼儿主动探索身边人、事、物之间的关系、变化等，发现、创造生活中的美，获得主动成长。
家园社协同共育策略	有效利用家庭、社区等优质资源，赢得家长和社区的理解、支持与参与，促进幼儿园、家庭、社区的多向互动，以实现幼儿的最优发展。

第六节　儿童视角的幼儿园生活美育课程评价

课程评价是课程设计、开发和实施过程中的重要环节，贯穿于课程发展的全过程。它是了解课程的适宜性、有效性，调整和改进课程，提升课程质量的必要手段。课程评价以幼儿身心健康发展为导向，让有价值的学习看得见，为幼儿的学习而评价。为实现有效的课程评价，需要遵循以下四个评价原则。

一、评价人员的多元性

（一）幼儿

儿童视角的幼儿园生活美育课程的目标、内容、组织实施要关注倾听幼儿的视角，课程评价同样也要关注幼儿及其与同伴间的交流与分享。幼儿是生活美育课程评价的重要一员。

（二）班级教师

儿童视角的幼儿园生活美育课程关注教师的自我评价。教师可以聚焦班级观察、一对一倾听等方式对自己的课程理念、课程目标、课程内容、课程实施等进行分析，并贯穿于整个教育过程之中。

（三）其他教师、管理干部、家长等

儿童视角的幼儿园生活美育课程评价过程中注意收集来自家长及其他保教人员的信息，从多元视角收集课程完整的信息。

二、评价方法的多样化

1. 儿童视角的幼儿园生活美育课程评价重视幼儿通过绘画、讲述等方式的表达表征，教师一对一倾听并真实记录幼儿的想法和体验。根据需要综合运用观察、一对一倾听、作品分析等多种评价方法进行评价。认真观察、倾听幼儿在生活美育课程中的行为表现，并做必要记录。根据一段时间的持续观察，

对幼儿的发展和需要做客观全面的分析，进而提供针对性的支持。

2. 儿童视角的幼儿园生活美育课程评价遵循基于实证的循证机制，对多种方法所获得的信息进行综合考虑，全面地、完整地评价幼儿各方面的发展，不片面追求某一领域、某一方面的学习和发展。

三、评价内容的全面性

（一）关注幼儿发展的全面性

儿童视角的幼儿园生活美育课程评价关注幼儿在生活美育课程中的全面发展，如兴趣、情绪情感、态度、能力、学习品质等方面，以全面评价幼儿的发展情况。

（二）注重全体评价与个体评价相结合

一方面，儿童视角的幼儿园生活美育课程对班级幼儿整体参与情况、体验情况和发展情况进行评价，从全班大多数幼儿是否从本班课程实施中获得独有体验的角度来判断课程实施的质量。另一方面，对每一位幼儿行为的观察描述与分析解读、教师支持策略与成效等进行连续追踪、观察与评价，承认和关注幼儿的个体差异，避免横向比较，发现每位幼儿的优势和长处，促进幼儿在原有水平上的发展。

（三）关注幼儿的学习方式、学习逻辑

儿童视角的幼儿园生活美育课程基于儿童的视角，遵循幼儿的年龄特点，注重生活美育课程实施中幼儿操作性、体验式、游戏化、生活化的学习方式和幼儿学习发展的内在逻辑。

四、评价角度的过程性

（一）重视过程性评价

儿童视角的幼儿园生活美育课程将评价伴随着整个活动过程自然进行，严禁用直接测查幼儿能力和发展水平的方式评估课程质量。

（二）以发展的眼光看待幼儿

儿童视角的幼儿园生活美育课程评价既要了解幼儿的现有水平，又要关注其发展的速度、特点和倾向等，注重贯通培养。

（梁　艳　罗琳月　余　燕）

第二章
儿童视角的幼儿园生活美育课程实践

第一节　儿童视角的幼儿园生活美育课程故事

课程故事一　遇见蔬菜

班级：小班　教师：王　佳　张凯悦　朱丽君　梁秀林

🐟 课程来源：

小班上学期，孩子们初入幼儿园，会出现好奇、害怕等不同情绪。教师通过观察、倾听等方式发现、理解他们的感受，生成有趣的活动以支持他们适应幼儿园生活。有趣的故事也从此刻拉开了帷幕。

幼儿园的第一餐成为班级的品鉴会。"老师，这个菜是什么呀？""幼儿园的菜比家里好吃。""这个是西兰花吗？""我在家吃过这个菜！""这个木耳我不爱吃！""这个黄色的是胡萝卜吗？"……班级一共 19 名幼儿，通过观察发现，有 3 名幼儿喜欢吃蔬菜、不挑食；有 5 名幼儿不喜欢吃任何蔬菜；还有 11 名幼儿愿意根据自己的喜好吃一些蔬菜，也明确说出了自己不喜欢吃、不能接受的蔬菜。

虽然对蔬菜的喜好不同，但孩子们都乐于谈论相关话题。追随孩子们对蔬菜的好奇心，班级开展了"遇见蔬菜"系列活动，一方面帮助幼儿度过分离焦虑期，另一方面了解蔬菜的益处，爱上吃蔬菜。

🌱 课程目标：

1. 愿意参加与蔬菜相关的游戏活动，喜欢和蔬菜做游戏，在游戏中缓解分离焦虑的情绪状态。

2. 通过参与多种感官活动，认识生活中常见的蔬菜，了解蔬菜的外形、颜色、味道等不同特征。

3. 知道吃蔬菜对身体的好处，乐于吃蔬菜，为健康的身体奠定基础。

4. 能够运用自己喜欢的方式表达对蔬菜的喜爱之情。

网络图：

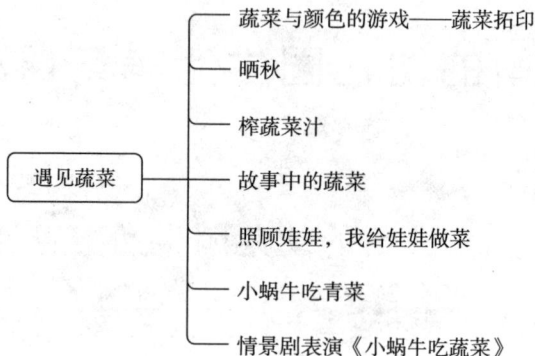

遇见蔬菜
- 蔬菜与颜色的游戏——蔬菜拓印
- 晒秋
- 榨蔬菜汁
- 故事中的蔬菜
- 照顾娃娃，我给娃娃做菜
- 小蜗牛吃青菜
- 情景剧表演《小蜗牛吃蔬菜》

课程纪实：

班里迎来了不同的蔬菜朋友：洋葱、胡萝卜、南瓜、红薯、藕、白菜、大蒜、蘑菇、油菜、番茄、土豆、丝瓜、西兰花、菜花……孩子们好奇地围着蔬菜，通过看一看颜色、摸一摸形状、闻一闻味道，对蔬菜产生了不同的发现与感受（图1）。

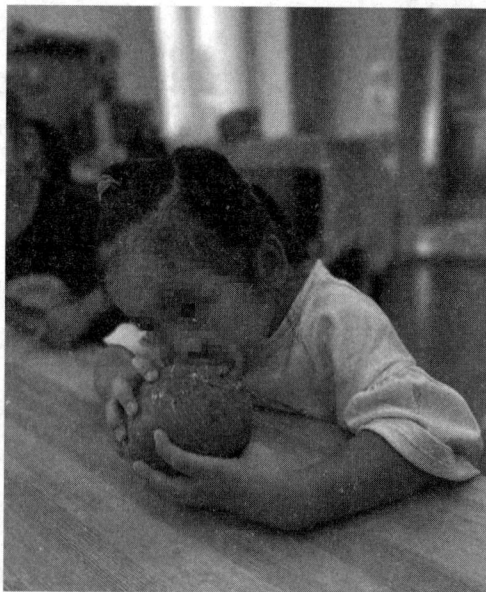

图1

【倾听幼儿】

家和：丝瓜能够帮咱们长大个儿，能长得像丝瓜一样高。

青青：我见过好多蘑菇，有水就会长蘑菇。

艺潇：我喜欢吃西红柿，因为西红柿有营养。

金金：我在家吃过洋葱，洋葱是甜甜的。

蓝兮：我不喜欢洋葱，洋葱太呛了。

美珍：我最喜欢吃西红柿，我喜欢西红柿的颜色。

小森：我喜欢吃油菜，因为这个香。

欣怡：这个是香菇，摸起来滑滑的，上面还有皮。

小雅：这个是什么？摸起来扎扎的。

行行：这是南瓜吗？南瓜好大啊。

……

【教师思考】

孩子们和老师收集的蔬菜成了学习素材。孩子们对蔬菜有不同的关注点，如名称、触感等。"蔬菜大会"活动让孩子直观感知蔬菜，在分享交流中探索新问题、获取新经验，加深了对蔬菜的了解。

【教师支持】

追随孩子们的视角与话题，可以通过蔬菜的味道、蔬菜的形状、蔬菜的颜色、蔬菜的触觉等四个方面来推进活动，提供充足的材料与游戏体验机会，支持幼儿运用多种方式去感知、认识、了解不同的蔬菜。教师持续跟进、支持幼儿的想法与兴趣。

故事一：蔬菜与颜色的游戏——蔬菜拓印

五彩颜料与蔬菜共舞，孩子们对蔬菜拓印游戏充满期待。欣怡先用玉米蘸色压出蓝色图形，发现玉米掉粒后改用滚的方法印出长印记。接着是彩椒，她用按蹭方式反复拓印，又拿菜花蘸色画出印记。孩子们在游戏中尽情发挥创意，享受着蔬菜拓印带来的乐趣。

【倾听幼儿（作品表征）】

欣怡：云彩是用玉米印的，我搓一搓就这样了；马路是我滚玉米印的；这是用菜花印的一条路；这是用彩椒印的山洞（图2）。蔬菜拓印太好玩了，我喜欢这个游戏。

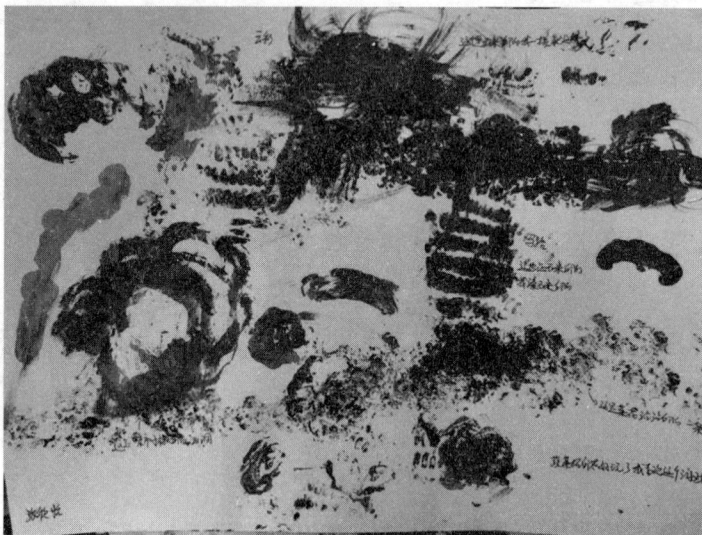

图 2

嘉禾：我用玉米压一下然后一转就变成这样了。我画的是龙卷风，龙卷风有蓝色也有绿色（图 3）。

图 3

斯横：我用彩椒和油菜根印的花，有好几种颜色，有红色、黄色、绿色，真好玩（图 4）。

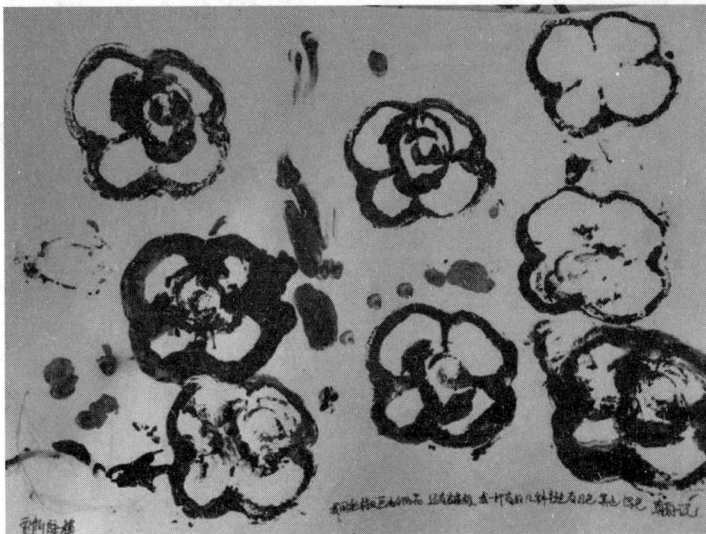

图 4

【教师思考】

　　孩子们对蔬菜拓印的热度不减。他们亲身体验、探索不同的拓印方法，感受蔬菜切面形状与拓印痕迹的关系，并进行大胆的想象与表达，初步感知色彩的变化。一次次的游戏是孩子们自主探索、分享交流、经验积累的过程，孩子们在操作中收获了快乐与满足。

【教师支持】

　　多种蔬菜及颜料有效满足了幼儿的兴趣点与发展需求，给幼儿提供更大的创作空间。教师陪伴在幼儿身边，与幼儿共同探索发现，耐心倾听他们在游戏中的表达，关注他们的兴趣点，通过相互交流与分享帮助幼儿梳理新经验，不断在游戏探究中获得更多的发展。

故事二：晒秋

　　在"秋天的游戏"活动中，孩子们将自己收集到的果实带到了班里，并提出要将这些果实保留过冬。有的幼儿说在家中和爷爷奶奶一起晾晒了萝卜干，其他孩子听得津津有味，于是我们开展了晒秋的活动。孩子们在活动中尝试洗菜、切菜并进行晾晒，将蔬菜变成蔬菜干进行保存。

　　1. 洗一洗（图5）。

　　艺潇：萝卜摸起来滑滑的。

　　嘉宸：放到水里就干净了。

图 5

曼晴：搓一搓，土就掉了。

金金：老师，我还想洗。

2. 切一切（图 6）。

图 6

梓瑜：黄瓜脆脆的，有点儿硬。

之恒：这个南瓜（蒸过的南瓜）太软了，变成泥了，颜色染到衣服上了。

家宸：萝卜好硬，我力气大，能来回切。

艺潇：切这个萝卜的时候流了好多水呀。

梓瑜：这些水是哪儿来的呀？

3. 晒一晒。

将切完的蔬菜放到盘子里晾晒。经过一段时间，孩子们发现蔬菜变干了，拿起蔬菜干闻一闻、摸一摸，发现变干的蔬菜和之前不一样了。

嘉禾：南瓜干摸起来硬硬的。

蓝兮：蘑菇干闻起来好臭呀。

大林：这个蔬菜干能放多久呀？

我们将晒好的蔬菜干装到袋子中并记录日期储存起来，孩子们兴奋地将自己的"作品"带回家，一起期待蔬菜干可以储存过冬。另外，大家还听了《小动物储存食物过冬》的故事。

【教师思考】

幼儿在晒秋活动中，通过洗、切、晒等方式感受蔬菜的特征，丰富感知经验且增加对蔬菜的喜爱。切菜时，孩子发现蔬菜有汁水、会染色等特点。在晒干观察中，发现蔬菜变干变硬了，对蔬菜干可以保存多久很好奇。

【教师支持】

针对幼儿的好奇，我们将蔬菜干收集起来并记录日期，一起观察蔬菜干的保存时间。在操作过程中，我们倾听幼儿的多种感受与表达，发现幼儿的兴趣与关注的内容，支持并满足幼儿的探索欲望。同时，晒干活动也得到了家长的支持，我们共同分享其中的教育价值，让孩子在充分操作与体验中感受劳动的快乐。

故事三：榨蔬菜汁

片段一：榨汁

孩子们在切菜的过程中发现蔬菜中有汁水，有些还会染色，于是我们开展了蔬菜榨汁的活动。幼儿通过不同的方法尝试提取出蔬菜中的汁水，有的用刀切，有的用杵臼捣，然后用滴管将汁水吸出来，还有的用手挤。

【倾听幼儿】

斯际：西红柿砸不出汁，砸出了西红柿泥，用手挤到盆里就出汁了（图7）。

欣怡：菠菜在榨汁前好大（图8）。

图 7

图 8

蓝兮：榨汁的时候我特别开心。把蔬菜变成水，再把水吸到盘子里特别好玩（图 9）。

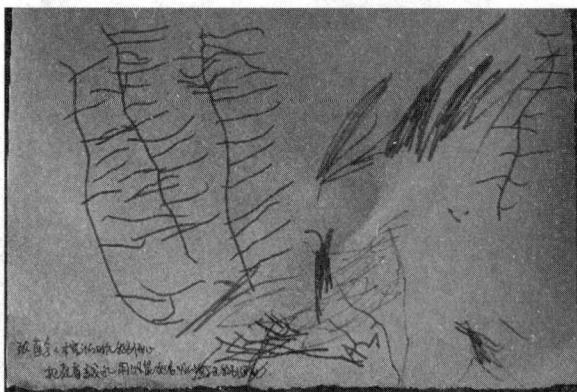

图 9

【教师思考】

孩子们用不同的方式探索把蔬菜榨出汁，发现有的蔬菜容易榨出汁水，有的不容易榨出汁水。在探索的过程中还产生了新的想法：想要把好看的蔬菜汁（颜色）保留下来。

【教师支持】

提供丰富的材料支持幼儿进行榨汁操作，如西红柿容易变成泥，可以提供纱布，帮助幼儿榨取西红柿汁。孩子们产生将颜色留下来的想法，教师继续开展与蔬菜汁相关的游戏，满足幼儿的想法与愿望。

片段二：蔬菜汁染色

这一天，我们准备了白色手绢、白色桌布，让孩子们将自己榨出来的蔬菜汁染到手绢和桌布上。有的小朋友直接把手绢放到蔬菜汁中，有的用滴管、海绵棒把蔬菜汁滴到手绢和桌布上。

【倾听幼儿】

书言：先把西红柿切开变成块，然后用小棍砸出西红柿汁，再用手绢把汁留下来。手绢真漂亮（图10）。

图10

行行：今天砸黄瓜汁，把黄瓜汁滴到手绢上了，手绢特别好看（图11）。

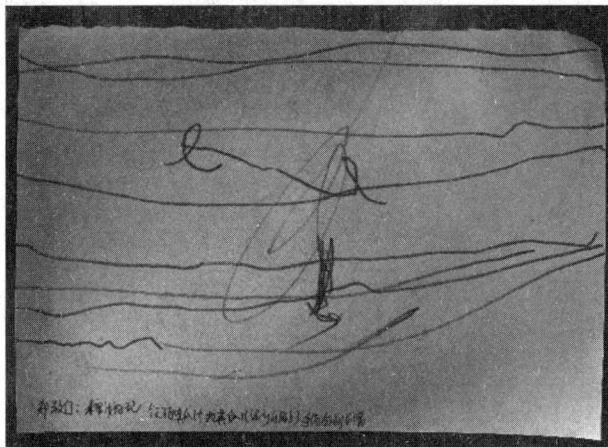

图11

【教师思考】

幼儿自己榨出蔬菜汁，把手绢、桌布染上了颜色，收获了成功与满足感。

【教师支持】

接纳幼儿的想法，提供材料给予幼儿实施想法的机会。将染色的桌布投入班级使用，将彩色的小手绢带回家送给爸爸妈妈。

故事四：故事中的蔬菜

孩子们越来越喜欢阅读有关蔬菜的图画书，如《我喜欢吃蔬菜》《吃了不生病的绿色食物》《爱吃青菜的鳄鱼》等。艺潇每次来到图书区都会一遍一遍地翻看《我喜欢吃蔬菜》，指着画面说出蔬菜的名字，看到自己喜欢的蔬菜会说："这个是我最喜欢的蔬菜，啊呜啊呜真好吃呀！"蓝兮看到《便便变变变》这本书中的香蕉便便说："多吃蔬菜才能拉出香蕉便便。"

【倾听幼儿】

美珍：我喜欢书里的土豆，我觉得它可爱，土豆很香。

金金：我喜欢吃胡萝卜，它吃起来甜甜的。

书言：这是一个碗，碗里有蚕豆、菠菜、黄萝卜，这叫黄萝卜蚕豆菜汤。

家和：我在家里做胡萝卜菜汤。

济辰：我喜欢胡萝卜，我老吃胡萝卜。

小雅：吃蔬菜，拉大便。

之恒：每个菜都有营养，都要吃。

【教师思考】

借助图画书，孩子们不断丰富对于蔬菜的认识，发现蔬菜与身体之间的秘密，如吃蔬菜可以让自己变得有力气，可以帮助自己排便，蔬菜里面有丰富的营养物质。孩子们丰富了有关健康的科学知识，也更喜欢在进餐分享环节谈论有关蔬菜的话题。

【教师支持】

发现幼儿的阅读兴趣，提供更多有关蔬菜的图书，采取师幼共读、自主阅读等多种方式，支持幼儿理解图书内容。鼓励幼儿将阅读过程中的想法记录下来。利用环境墙饰帮助幼儿梳理相关阅读经验，同时建立阅读内容与自己身体健康的联系。

故事五：我给娃娃做菜

家和抱着娃娃来到我面前："老师，帮我把娃娃用被子包一下，他生病了，不能着凉。"这时候艺潇戴好围裙走过来说："我给娃娃做个鸡蛋西红柿面吧。"说着跑到娃娃家找材料开始制作起来（图12，图13）。不一会儿，他拿出一个碗把鸡蛋西红柿面倒出来，放在桌子上叫妈妈（家和）给娃娃吃饭。

家和抱着娃娃来到餐桌前，一只手抱娃娃，一只手拿勺舀起一勺西红柿喂娃娃，边喂边说："宝宝吃点饭，病就好了。"

这时候，行行也做了一杯橘子水给娃娃拿过来说："多吃水果不生病。"艺潇接着说："我再做个蔬菜海鲜汤，要多吃蔬菜。"

图 12 　　　　　　　　　　　　图 13

【教师思考】

孩子们将自己的生活经验、阅读经验及对蔬菜的认知经验迁移到了游戏中，运用游戏行为再现学习经验。从中可以看到小班孩子情感的抒发及生活习惯正在逐步养成中。如模仿爸爸妈妈的样子照顾娃娃，把自己平时吃过的食物做给娃娃吃，熟练地用勺子给娃娃喂饭等。

【教师支持】

为幼儿提供有关蔬菜的可操作性材料，支持幼儿游戏中的想法。采取表征、分享等多种方式鼓励幼儿表达自己的真实感受，持续支持幼儿进行深度游戏。

故事六：小蜗牛吃青菜

梓瑜在自然角中观察小蜗牛时有了新发现："小蜗牛在吃青菜呢！"锦辉被吸引过来问："它都吃什么菜呀？"斯际说："它爱吃西红柿吧。"嘉宸问："它吃胡萝卜吗？"家和说："我觉得它喜欢吃油菜。"

第二天，嘉宸从家里带来了切成小片的胡萝卜，放到了蜗牛的身边。斯际把自己带来的西红柿切开，也放到了蜗牛的身边。他们一起等待，观察蜗牛会吃哪个菜。不一会儿，蜗牛慢慢伸出触角，爬向了西红柿。斯际激动地说着："快看，它吃啦！"旁边的蜗牛也开始吃起身边的胡萝卜和油菜。孩子们看到后开心地拍手欢呼。

【教师思考】

孩子们通过观察发现，蜗牛喜欢吃各种蔬菜，也渐渐产生想要照顾蜗牛的情感，萌发出要喂蜗牛吃饭、给蜗牛洗澡的想法。

【教师支持】

倾听幼儿想法，开展每天给蜗牛带蔬菜、给蜗牛洗澡等活动，给予幼儿空间与时间，支持幼儿实现给蜗牛造房子、搭建游戏乐园（图14）等多种想法。

图 14

故事七：情景剧表演《小蜗牛吃蔬菜》

新年即将来到，孩子们想要用表演的方式庆祝新年。艺潇提议说："我想要表演小蜗牛的故事。"书言说："我也要表演小蜗牛。"斯际说："我要演小蜗牛吃蔬菜，它最喜欢吃西红柿了！"追随孩子们的兴趣，蜗牛的故事开始上演。孩子们有的表演蜗牛，有的表演蔬菜，在故事情境中大胆地展现自己。我们将孩子的话语、喜欢的音乐收集串联起来，《小蜗牛吃蔬菜》的故事情景剧就此诞生。

【倾听幼儿】

家和：我要给蜗牛做个便便。

小森：做个圆圆的蜗牛便便，好臭呀！

嘉禾：蜗牛来到草地上，还要小草。

锦辉：蜗牛的壳在哪儿，我身上没有蜗牛壳。

欣怡：小蜗牛有触角。

艺潇：蜗牛要爬着走。

书言：我是胡萝卜，胡萝卜有维生素。

家宸：我想当小蜗牛，妈妈给我买蜗牛壳。

【教师思考】

老师和孩子们一起创编了《小蜗牛吃蔬菜》的情景剧故事，将幼儿与蔬菜、蜗牛做游戏的经历用绘画记录下来，将幼儿的表达用录音的方式串联起来。幼儿根据日常生活经验进行创编。在筹备表演的过程中，幼儿一起参与道具的制作。家长也积极参与进来，为幼儿准备服装等材料。小朋友们能够大胆地站到舞台上，用情景剧的方式去表达自己对于吃蔬菜能够让身体变得更健康的理解，收获了自信与满足（图15）。

图 15

【教师支持】

支持幼儿的想法，共同创编表演故事，并运用多媒体资源将音频串联起来，让故事更加生动。积极开展家园沟通，有效利用家长资源。鼓励幼儿大胆地站到舞台上去展示自己，让幼儿收获自信与满足。

课程反思：

遇见蔬菜，我们看到孩子们从对幼儿园饭菜中蔬菜的好奇与不愿吃到如今喜爱吃蔬菜的转变。通过蔬菜拓印、晒干、榨汁、阅读蔬菜图画书等活动，孩子们在看、闻、听、摸、尝中深入感知蔬菜，萌发了对蔬菜的喜爱之情。班级活动使孩子们知道蔬菜有丰富的营养，促进他们愿意尝试吃不喜欢的蔬菜。家庭餐桌上的蔬菜种类也丰富起来。孩子们从不接受到喜欢的转变令人欣喜。

教师也在逐渐转变自身的角色与视角，在活动中更多的是倾听者、支持者与陪伴者，倾听孩子在游戏、活动中的声音，挖掘孩子们的兴趣点与想法。在倾听的过程中，我们感受到小班幼儿的思维是跳跃的、容易分散的，所以我们倾听的时机就显得尤为重要。我们抓住幼儿在游戏中的感受与表达，从而更深入地去了解幼儿内心的想法。我们还利用环境、材料、游戏等多元的方式去支持幼儿实现自己的想法，拓展自身的兴趣，从而生成自己喜爱的课程活动。

管理反思：

幼儿时期是人生发展的启蒙阶段。尤其小班初入园的孩子，他们经历了三年家庭生活，要循序渐进走进幼儿园，建立安全感，逐步形成良好的生活习惯。教师通过倾听，敏锐地从孩子的生活入手，以他们感兴趣的"吃蔬菜"话题为切入点，从幼儿已有的关于饮食的生活经验出发，结合他们的兴趣需要，和孩子共同运用多种感官认识形态各异、味道不同的蔬菜，开展蔬菜拓印游戏、晒蔬菜干、榨蔬菜汁、阅读蔬菜相关故事绘本及饲养"喜欢吃蔬菜的小蜗牛"等相关活动，在生活化、趣味化的情境中，引发幼儿不断探索、感知蔬菜的明显特征，养成了喜欢吃蔬菜、不挑食的好习惯。教师鼓励孩子将自己的生活经验迁移到娃娃家的游戏活动中，用表演剧的方式呈现自己对蔬菜的认知及喜爱。最终，课程呈现了孩子乐于探究、自主学习、经验迁移的良好品质，帮助幼儿建立起对周围人和物的积极情感、体验与态度。

（张　蕊）

课程故事二　看，小鸟

班级：小班　教师：赵甜颐　刘雪韵　杨宇昕

课程来源：

上学期，班级幼儿每次在离园前都会看到一群群的小鸟从天空飞过，这引发了幼儿的疑问：小鸟会飞到哪里去，小鸟的家在哪儿等。这学期开学后，我走近幼儿，跟幼儿一起聊一聊感兴趣的话题，没想到幼儿又提到了上学期看小鸟的经历。孩子们争先恐后地表达：

小鸟要飞回家，就像我们也要回家一样。

小鸟要飞到公园里去，因为公园里有很多鸟，那是它们的家。

小鸟要飞到更暖和的地方，要不该冻死了。

小鸟飞累了，会停在树上休息。

我还见过小麻雀和乌鸦。

……

通过倾听幼儿的想法，发现他们很关注小鸟，乐于表达自己对小鸟的认识及发现，于是我们特别开展了"看，小鸟"的活动。

课程目标：

1. 认识不同种类的鸟，了解鸟的外部特征及生活习性。

2. 尝试用不同的方式表达自己对鸟的喜爱之情。

3. 能够感受到鸟与人们的生活是相互联系的。

4. 喜欢亲近大自然，对大自然的变化有好奇心，产生照顾动植物的愿望和行为。

5. 愿意与同伴共同游戏，感受和同伴在一起的快乐。

网络图：

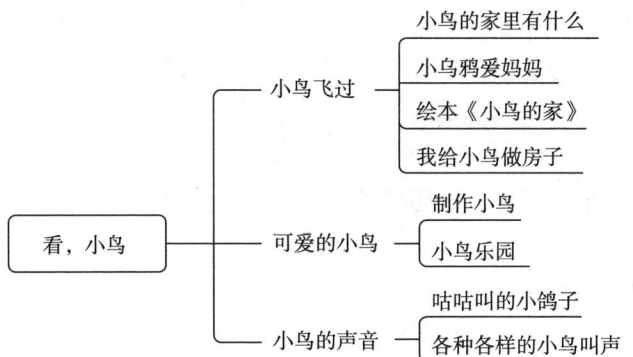

课程纪实：

故事一：小鸟飞过

片段一：小鸟的家里有什么

通过观看图片和到户外寻找小鸟的家，幼儿对小鸟的家产生了好奇。那么小鸟的家里到底有什么呢？

【倾听幼儿】

美宸：我觉得小鸟的家里应该住着鸟爸爸、鸟妈妈和鸟宝宝，就像我的家一样。

楠楠：它们的家里应该有很多的羽毛，我捡过鸟的羽毛。

彦林：我感觉它们的家里空空的，什么都没有。

祉诺：鸟妈妈爱鸟宝宝就像我们的妈妈爱我们一样。

【教师思考】

发现幼儿能够大胆表达自己对鸟窝里面有什么的不同猜想，并源于自身的生活经历感受到鸟妈妈对小鸟的爱就像自己的妈妈爱自己一样，激发了幼儿爱的情感。

【教师支持】

在发现幼儿对鸟类亲情方面很关注后，后期可以欣赏《小乌鸦爱妈妈》的故事，更直观地感受到浓浓的亲情。

片段二：小乌鸦爱妈妈

幼儿一起听了《小乌鸦爱妈妈》的故事，从故事中直观地了解乌鸦妈妈照顾小乌鸦，小乌鸦长大后，乌鸦妈妈老了飞不动了，小乌鸦每天捉虫子给乌鸦妈妈吃，感受到这就是爱。并通过游戏的方式，将小手变成尖尖的嘴巴，模拟乌鸦妈妈喂乌鸦宝宝的情景。

【倾听幼儿】

祉诺：我回家也要和妈妈玩这个游戏。

明宸：我也爱我的妈妈。

则临：我能帮妈妈做很多的事情了。

【教师思考】

幼儿通过故事能够进一步感受到动物的亲情，从动物的亲情联系到自己也能够为家人做很多的事情，感受到亲情是双向的。

【教师支持】

后期进一步丰富幼儿对鸟类的认知经验，提供《小鸟的家》绘本，不断丰富幼儿对动物爱的情感。

片段三：我喂你（个案故事）

幼儿在观看了小鸟妈妈喂小鸟宝宝吃虫子的视频后，一起进行了情景表演游戏。明明参与其中，也张开嘴巴，接过"鸟妈妈"喂的好吃的。离园时，教师将明明的表现分享给了明明妈妈。妈妈说："怪不得呢，一回家就说要喂我好吃的，说鸟妈妈就是这样喂鸟宝宝的，后来让我将家里的小鸟图画书找出来，一遍一遍地翻看。"

第二天，明明将小鸟的图画书带到幼儿园，和小朋友们共同阅读。让大家特别惊喜的是，明明居然能够准确叫出所有小鸟的名字。

【教师思考】

明明感统失调并患有孤独症，经常游离在集体之外，也很难专注地做一件事。而他在小鸟的活动中却表现出了很高的兴趣，喜欢参与鸟妈妈喂鸟宝宝的活动。教师从中发现了明明的关注点和兴趣点，也重新认识了明明，知道他对喜欢的事情是能够专注的。

【教师支持】

在后续的活动中，更应该挖掘幼儿感兴趣的内容，找寻或让幼儿从家带一些感兴趣的读物，分享给班级幼儿，激发幼儿参与集体活动的愿望。

片段四：小鸟的家

幼儿在阅读《小鸟的家》绘本故事时，发现里面有很多不一样的鸟类，一边阅读一边表达自己的发现。

【倾听幼儿】

楠楠：我家旁边的奶奶也养过鸽子。小鸽子是住在鸽子窝里的，就是书中这个样子的。

月月：看，小鸟吃的食物可真多，不是只吃小虫子。

小池：书里面这些小鸟的家都是我们人类给小鸟搭建出来的，我也想给小鸟搭房子，让小鸟住在里面。

【教师思考】

幼儿在阅读图书后，发现很多小鸟的房屋是富有爱心的人给小鸟搭建的，还给小鸟提供了很多食物。同时，幼儿从书中了解了小鸟的生活习性。图画书像房子一样的外形，直观形象的内容，游戏化的互动形式，让幼儿感受到阅读的快乐。

【教师支持】

当幼儿表达出了要给小鸟做房子的想法后，教师更应该支持幼儿的想法，借助家长资源共同制作小鸟的房子。

片段五：我给小鸟做房子

家长们得知要制作小鸟房子的消息后，表示这个活动特别有意义，既能够参与亲子制作，又让幼儿在这个过程中萌生关爱动物的情感。家长在与幼儿共同制作的过程中，还纷纷了解了鸟类其他方面的知识，发现每个幼儿的关注点也都是不一样的。

【教师思考】

有的幼儿萌生关爱小鸟的情感，绘画出了保护大自然、保护小鸟的海报，有的幼儿关注小鸟的声音，还有的幼儿制作出了小鸟，将小鸟放在制作好的房子里……幼儿对小鸟的关注是多元的，想法也是不一样的。

【教师支持】

以"还想知道小鸟的什么"为话题，继续深入发现幼儿感兴趣的内容，不断追随儿童的视角持续深入开展班级课程。

故事二：可爱的小鸟

片段一：制作小鸟

通过亲子制作，幼儿产生了制作小鸟的愿望。于是，我们开展了制作小鸟的活动。通过观察图片，发现小鸟的结构特点并用不同的材料进行制作（图16）。

图 16

【倾听幼儿】

宸凝：我想制作小鸟，用泥做。

小雨：我也要制作小鸟，先做小鸟的身体，再把羽毛当翅膀。

宸凝：我用泥做一个球当小鸟的头，还要有眼睛呢。

【教师思考】

宸凝在日常的美工制作中不善于变换材料，如果用泥做，就全部都用泥，所以在今天的制作中也是如此，没有选用其他的材料；而小雨的制作经验相对丰富一些，有自己的想法，能够发现小鸟的翅膀上是羽毛，所以选择羽毛作为小鸟的翅膀。

【教师支持】

创设班级墙面，提供幼儿感兴趣的不同的小鸟制作方法步骤图，丰富制作经验和方法，同时隐性地支持幼儿使用不同材料进行创意表达。随着后面制作的小鸟越来越多，可创设情景，增加互动，使幼儿可以玩起来。

片段二：小鸟乐园

展台上有一个小象滑梯，旁边还有用乐高拼搭的摩天轮，幼儿每天将制作好的小鸟放在这里。这天，熠熠拿着做好的小鸟放在摩天轮上，则临拿着自己做的小鸟从滑梯上滑下来（图 17），这是一个什么样的情景呢？

【倾听幼儿】

熠熠：叫小鸟游乐场吧，小鸟可以从滑梯上滑下来。

美宸：叫小鸟花园吧，因为上面还有很多花的装饰。

图 17

祉诺：我想叫小鸟乐园，因为咱们制作的小鸟在里面游戏一定很快乐。

小雨：我同意祉诺的想法。

【教师思考】

小班幼儿喜欢通过摆弄、操作材料来收获乐趣。小鸟的多种制作方式给了幼儿更多选择的可能。而通过给情景起名字，更加激发了幼儿对于制作小鸟的浓厚兴趣，尝试运用不同方式制作小鸟。

【教师支持】

进一步关注制作活动中幼儿对于常见材料和工具的了解，同时关注幼儿的制作方法，如能够运用搓、团圆、压扁、黏合的方式塑造小鸟的立体形象，在粘贴的过程中学习胶棒的使用方法等。

故事三：小鸟的声音

片段一：咕咕叫的小鸽子

一天，幼儿在户外游戏的过程中，发现后院的监控器上有一只小鸽子。随着离小鸽子越来越近，幼儿听见了小鸽子"咕咕，咕咕"的叫声。不一会儿，小鸽子飞走了，幼儿挥手跟小鸽子告别。

【倾听幼儿】

自怡：我觉得小鸽子在跟我们说话呢。

教师：那你猜它在跟我们说什么呢？

自怡：它在说想跟我们一起做游戏。

祉诺：我觉得小鸽子在说看见我们很开心。

小池：你们听，小鸽子的叫声和喜鹊的叫声是不一样的。

竹安说：我喜欢小鸽子咕咕的叫声。

【教师思考】

今天的一次偶然发现，让班级幼儿对小鸟的声音产生了兴趣，开始关注小鸽子的叫声。幼儿会联系自己的生活经验进行表达，发现鸽子和喜鹊的叫声是不同的。

【教师支持】

后期可以提供不同鸟类叫声的音频，支持幼儿了解不同鸟类的声音。

片段二：各种各样的小鸟叫声

班级创设了小鸟声音的互动墙面，幼儿可以通过触摸按键听声音感受不同鸟类的叫声。幼儿特别喜欢触摸按键。

【倾听幼儿】

元宝：老师，孔雀的叫声还会拉长音呢。

美宸：老鹰的叫声也很好玩。这些我原来都没听到过。

教师：看，大自然中有很多的鸟类，它们的叫声都不一样。叫声是它们的语言，就像我们说话一样。

【教师思考】

幼儿发现不同鸟类能够发出不同的声音，更加喜欢声音触摸游戏了，感受不同种类鸟的叫声的神奇。这也是幼儿发现大自然、亲近大自然的方式。

【教师支持】

后期进一步引导幼儿关注周围的人、事、物，感受大自然的神奇，使幼儿更加热爱生活。

【倾听幼儿】

彦琳：我喜欢小鸟妈妈给小鸟宝宝喂食物的游戏，很好玩。

熠熠：小鸟妈妈喂过小鸟宝宝后，小鸟宝宝就长大了。这就是妈妈的爱，我很喜欢。

元宝：做出的小鸟很漂亮，我喜欢手工制作。

允允：我喜欢玩按一按的游戏，小鸟的声音很好听。

小雨：我喜欢做鸟窝的活动，因为是我和姐姐一起做的。

楠楠：做的真房子能够让小鸟住进去，很好玩。

为了更好地倾听幼儿的想法，结合小班幼儿的年龄特点，我们将主要的活动照片打印出来，帮助幼儿直观地回忆活动的内容，引发幼儿表达最喜欢的活动及原因。

【教师思考】

通过倾听，感受到幼儿非常喜欢班级活动，发现更多幼儿关注活动的互动性、游戏性、情景性、操作性以及爱的情感，这些也是活动中非常重要的实施方式，符合小班幼儿的年龄特点。

【倾听家长】

楠楠妈妈：孩子回家谈论过小鸟的活动。这段时间我们也发现她对大自然的兴趣有所提高，如喜欢看科普类的图书，还主动要求看之前看过的大自然纪录片。我觉得在这个阶段，多激发孩子的好奇心是很有必要的。

茅台妈妈：有关小鸟的一系列活动真的特别好，孩子回家就兴高采烈地说和小朋友、老师一起看小鸟了。孩子看到小鸟、听见鸟叫也会很兴奋，还会告诉我小鸟妈妈和小鸟宝宝的故事。同时，也会问我一些关于鸟的问题，比如小鸟怎么飞呀？小鸟怎么找吃的呀？小鸟的叫声为什么不一样，等等。感谢老师们的用心，发现孩子对小鸟的兴趣，从热爱发展出这么好的活动。

【教师思考】

班级家长对班级活动是非常支持的，感受到贴近大自然的活动是非常有价值和意义的，既有科普性，丰富幼儿的认知经验，又关注幼儿爱的情感、责任心等重要品格的养成。所以，在后续活动的开展中，要更多元化地支持幼儿全面发展。

🐝 课程反思：

1. 课程追随幼儿视角，倾听、发现、了解幼儿的真兴趣、真想法。整个课程源于幼儿的兴趣和发现，当幼儿关注天空中的小鸟后，引发了一系列的讨论。同时，在活动过程中也不断倾听幼儿的想法。比如小鸟的家什么样，家里有什么，鸟妈妈是如何照顾鸟宝宝的。幼儿不断对小鸟产生好奇心和求知欲，更加主动地学习。

2. 多元化的活动促进幼儿多元发展。幼儿通过对鸟的关注，延伸到更关注大自然的变化。每次户外活动时，幼儿都会主动地关注小鸟，他们发现喜鹊叼着树枝搭鸟窝，鸽子在监控器上休息，咕咕地叫着唱歌，小麻雀在后院的草地上是跳着走的……从对小鸟的关注到开始关注大自然的变化，更愿意亲近自然，和自然物做游戏。

3. 一对一倾听支持每位幼儿的学习和发展。一对一倾听能够更好地了解每个幼儿的兴趣和需求，所以，对于小班幼儿要用更加直观的方式，鼓励幼儿表达自己的想法。每个幼儿的兴趣、需要都不太一样，发展也不一样。比如，梓睿经常向家长和教师问为什么或表达自己的新发现，当他有想法时，成人除了要积极地鼓励外，还需要和他一起找寻答案；班级的熠熠对小鸟充满关爱的情感，我们敏感发现，并给予支持。

💡 管理反思：

你有发现身边的小鸟吗？你有关注到它们傍晚归巢的样子吗？一件稀松平常的小事，在孩子们眼里却是神秘又有趣的。课程的开始就源于这一件小事。

赵老师能够善于捕捉幼儿的表达，在每天短暂的离园排队时间，发现幼儿的关注点，并默默地记在心里。与小鸟的邂逅在离园后就结束了，但这件事在赵老师心里埋下了种子，新学期与幼儿的交流再次引发老师对这件事的看法和价值判断，基于孩子们的兴趣和感受，课程活动应运而生。

对于"鸟"的课程如何开展，赵老师每一次都十分关注幼儿的想法，倾听后会分析和梳理幼儿对鸟的关注点及原有经验，并提供有效的支持。将"鸟"的话题不断拓展，从一开始的新奇、好奇，到后续在游戏中和幼儿共同感受存在于"鸟"之间的亲子之情，并将情感迁移；通过对图画书的阅读和观察，引导幼儿和家长主动为小鸟制作新"家"；从对鸟的行为到对鸟的声音的了解，科学活动中也蕴含着对自然和生活中美的教育；最后幼儿从对鸟的关爱和兴趣迁移到对身边人、事、物的关注与照顾……课程体现了幼儿的视角，也蕴含了教师的智慧。

在课程不断丰富与拓展的过程中，赵老师注重开发身边的一切资源：到公园中去采风，开展各种有趣的活动；积极向家长宣传班级游戏，赢得家长的认可和主动配合……

幼儿兴趣、教师识别、家园共育、资源开发等综合体现了课程活动的推进与丰富离不开教育契机的充分利用。课程改革不仅告诉我们，幼儿的发展与其自身需求成正比，只有源于幼儿真兴趣的活动才能促进他们成长，儿童视角的转变势在必行，而且让我们意识到，想要幼儿全面发展，需要家园社的共同努力。希望"看，小鸟"的课程故事不仅能带大家走进幼儿的鸟世界，而且能给大家带来对课程开展的思考。

（王　琨）

课程故事三　种子成长记

班级：中班　教师：刘蒿镭　邢　菲　张　洁　张凯悦

课程来源：

春天来了，幼儿园也发生着变化。孩子们观察到丁香花开始长花苞，樱桃树吐出嫩芽，玉兰树的枝条上也长满了绒毛般的芽。孩子们感受到了春天的变化，产生了好奇心。

课程目标：

1. 观察春夏季的特征，积极参与相关活动。
2. 感知动植物的生长变化及其基本条件，体验季节对动植物和人的影响。
3. 通过多种方式表达对春夏季的感受和发现。

4.喜欢与同伴游戏，进行简单的沟通和协商。

5.萌发初步的责任感和劳动意识。

6.对事物充满好奇，乐于大胆探究。

网络图：

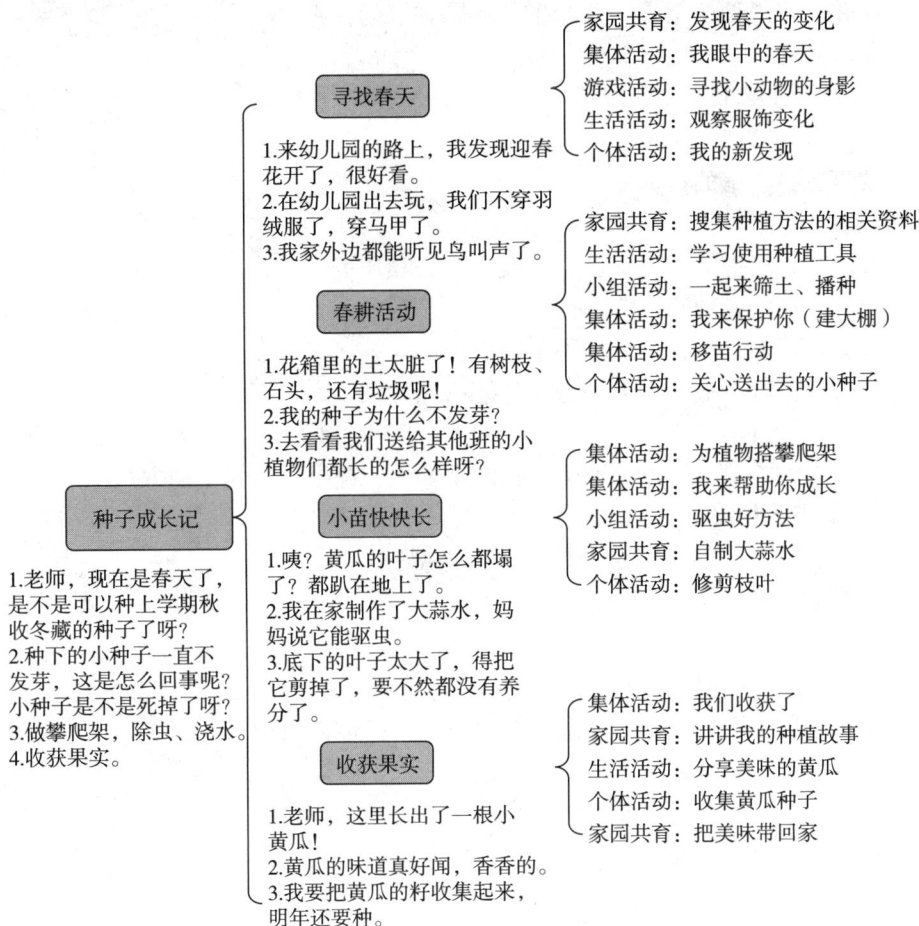

寻找春天

家园共育：发现春天的变化
集体活动：我眼中的春天
游戏活动：寻找小动物的身影
生活活动：观察服饰变化
个体活动：我的新发现

1.来幼儿园的路上，我发现迎春花开了，很好看。
2.在幼儿园出去玩，我们不穿羽绒服了，穿马甲了。
3.我家外边都能听见鸟叫声了。

春耕活动

家园共育：搜集种植方法的相关资料
生活活动：学习使用种植工具
小组活动：一起来筛土、播种
集体活动：我来保护你（建大棚）
集体活动：移苗行动
个体活动：关心送出去的小种子

1.花箱里的土太脏了！有树枝、石头，还有垃圾呢！
2.我的种子为什么不发芽？
3.去看看我们送给其他班的小植物们都长的怎么样呀？

种子成长记

小苗快快长

集体活动：为植物搭攀爬架
集体活动：我来帮助你成长
小组活动：驱虫好方法
家园共育：自制大蒜水
个体活动：修剪枝叶

1.咦？黄瓜的叶子怎么都塌了？都趴在地上了。
2.我在家制作了大蒜水，妈妈说它能驱虫。
3.底下的叶子太大了，得把它剪掉了，要不然都没有养分了。

1.老师，现在是春天了，是不是可以种上学期秋收冬藏的种子了呀？
2.种下的小种子一直不发芽，这是怎么回事呢？小种子是不是死掉了呀？
3.做攀爬架，除虫、浇水。
4.收获果实。

收获果实

集体活动：我们收获了
家园共育：讲讲我的种植故事
生活活动：分享美味的黄瓜
个体活动：收集黄瓜种子
家园共育：把美味带回家

1.老师，这里长出了一根小黄瓜！
2.黄瓜的味道真好闻，香香的。
3.我要把黄瓜的籽收集起来，明年还要种。

课程纪实：

阶段一：我们春耕啦

故事一：走进植物

【倾听幼儿】

思锐：我们怎么种下种子呢？

霖皓：需要工具，不然怎么把种子放进土里呢？

毅谦：用工具挖小坑，把种子放进去。

佳美：对，铲子可以挖土。

圣博：种完还要浇水和施肥，不然种子没法长大。

【教师思考】

幼儿了解了种植工具，并产生了照顾种子的兴趣。

【教师支持】

1. 介绍种植工具，探讨其作用。

2. 收集种植所需材料。

故事二：土壤的秘密

【倾听幼儿】

英菡：花箱里的土很脏，有树枝、石头和垃圾。

津丞：这样能种吗？

毅谦：不能，垃圾会影响种子的生长。

圣博：可以用筛子筛土，这样就能去除垃圾。

【教师思考】

幼儿理解了干净土壤对种子生长的重要性，并提出了筛土的方法。

【教师支持】

1. 认识土壤，讨论适合种植的土壤类型。

2. 探讨分离垃圾的有效方法。

故事三：筛土

【倾听幼儿】

樾霖：我带的是有小洞的盆，你帮我把土铲进去吧！

子渔：玩具筐也能筛土。

圣博：我们筛土的地方挡住了小朋友。

佳美：厨房叔叔说我们挡住路了，餐车过不去。

泽熙：往前移一下就行了。

一晨：不行，往前移也不方便走。

蓁蓁：那换个地方筛土怎么样？

【教师思考】

幼儿能够接纳他人意见，寻找解决问题的方法，并初步树立责任意识。

【教师支持】

1. 和幼儿一起寻找适宜的场地，尝试倾听合理建议，进行对比选择。

2. 提供筛土过程中需要的安全防护材料，如眼罩、手套和口罩。

故事四：寻找适宜的场地

【倾听幼儿】

宗恩：我们去过后院、中一班和中三班门口，还去了幼儿园外边，但都没有合适的空地。

懿安：中一班的小朋友在玩小车，他们已经把车移走了，这里可以用来筛土。不过，原来放在这里的小车怎么办？

乐珲：可以把小车挪到树屋旁边的空地上。

木棠：我觉得可以，我们先试试吧！

【教师思考】

孩子们在寻找合适的场地时，积极思考，克服困难，并享受了合作的乐趣。

【教师支持】

1. 协助幼儿有序地玩游戏，使用周围资源筛选土壤。

2. 关注幼儿寻找场地时发现的问题及解决办法。

故事五：搭建场地

【倾听幼儿】

雪莹：保洁阿姨来了，我们筛土的地方弄脏了小车，还弄得很多地方都是土。

宗恩：我们把小车擦干净就好。

梦瞳：刮风时，我爸爸会把车罩起来，我们也可以这样做。

霖皓：但风一直刮，车罩会不够用。

圣博：那我们给工地盖个房顶吧。

蓁蓁：用什么盖呢？

佳美：可以用布。

懿安：纸会被风刮坏吗？

讨论中，阿姨提供了废旧窗帘。经过尝试，孩子们发现它们很合适。

【教师思考】

幼儿能够通过思考和与同伴讨论得出解决问题的好办法。通过合作和保洁阿姨的帮助，完善了筛土场地。

【教师支持】

1. 在幼儿搭建筛土场地的过程中，提供安全适宜的工具。

2. 关注幼儿在搭建过程中的安全。

故事六：寻求帮助

【倾听幼儿】

曼晴：昨天我和妈妈去买植物，阿姨说细土最好。

圣博：我们有三个大花箱，这么多土什么时候才能筛完？而且还需要细土。

雪莹：我们可以找人帮忙。

睿辰：保安叔叔可以帮忙，他每天早晨都在门口，力气也很大。

懿安：黄老师、保健医都可以帮忙。

思锐：保安叔叔，我们想种种子，但班级花箱里的土有垃圾，需要筛土。您能帮我们吗？

保安叔叔：可以，什么时候筛？

思锐：明天，可以吗？

【教师思考】

幼儿筛土时发现垃圾，开始关注土壤质量。他们知道细土对种植有帮助，却担心筛土时间太长，进而寻求帮助。

【教师支持】

1. 在筛土过程中提供多种材料，方便幼儿自主选择。

2. 尊重幼儿想法，关注幼儿用礼貌语言表达需求。

故事七：播种

【倾听幼儿】

乐珏：我把种子种到土里了。

泽熙：小种子，期待你长大。等你长大了，我就带你去饭店吃好吃的。

佳美：小种子，我希望你长得比楼房还高。

【教师思考】

播种时，幼儿学会了种植方法，并对种子充满了期待，用甜美的话语希望种子成长。

【教师支持】

1. 播种前学习专业知识，播种时引导孩子观察种子外形，探讨播种方法。

2. 关注幼儿使用工具的经验，尝试使用工具播种。

阶段二：小苗快快长

故事一：我的种子为什么不发芽

【倾听幼儿】

英菡：我种了很久，还浇了水，可种子为什么不发芽？

乔茵：可能因为天气冷，我们都穿着棉背心，小种子或许也冷。

桐铭：那给种子穿棉衣吧。

彦圻：我记得妈妈带我去过一个用塑料袋做的小屋，里面很热。

一诺：那用塑料袋给种子做个小屋。

乐玚：布能让种子暖和，我们的衣服是用布做的。

樾霖：班门口的花箱大，没那么大的塑料袋怎么办？

思锟：可以把两个小塑料袋连接起来。

【教师思考】

幼儿在细心照料种子后，发现种子没有发芽，提出了不同的解决方法并寻求支持。

【教师支持】

1. 接纳幼儿的各种想法，支持幼儿用多种方法帮助小种子发芽。

2. 使用多种工具为小种子保暖，并关注幼儿在使用工具过程中的安全。

故事二：发芽后的小种子

【倾听幼儿】

彦圻：我要每天浇水，让它长得更高。

圣博：老师，左边的苗比右边的多，为什么？

祁然：我一个一个种的，你呢？

雪莹：我抓一把种子放土里。

老师：播种方法不同，苗的数量和间距就不一样。

霖皓：小白菜需要一粒一粒播种，才不会挤。

五一假期后，幼儿发现苗有大小的差异。

圣博：老师，我的菜长大了，李宗恩的菜好小。

老师：为什么宗恩的菜这么小？

樾霖：花箱空间不够。

品霖：可以移到小盆里。

一晨：拔出来送给其他班级怎么样？

紫琳：好主意，我去送。

樾霖：但我想尝尝这个菜的味道。

【教师支持】

1. 支持幼儿学习不同蔬菜的播种方法，并用于解决小苗拥挤的问题。

2. 支持幼儿处理小苗的不同办法，如采摘品尝或分栽至其他班级。

故事三：品尝蔬菜

【倾听幼儿】

樾霖：小白菜被妈妈做成面条了，她夸我能干。

老师：你感觉怎么样？

樾霖：我很开心，小白菜很甜。

毅谦：我妈妈也吃了，她说这是她吃过的最好吃的小白菜。

【教师思考】

幼儿期待看到种子发芽和结果，并希望将果实分享给家人。家长也积极回应，参与制作和品尝。

故事四：大大的叶子，长长的须

【倾听幼儿】

津丞：它开花了。

毅谦：怎么有小卷卷？

桐铭：叶子很大，还有长茎。

泽熙：为什么没有果实？

圣博：我种的是南瓜。

老师：为什么南瓜现在没结果？

圣博：南瓜秋天成熟，黄瓜夏天结果。

老师：不同的蔬菜收获时间也不同。

【教师思考】

幼儿对植物有不同的关注点，丰富了对植物生长多样性的认识。

【教师支持】

利用同伴资源帮助幼儿了解植物的不同生长周期。

故事五：为植物搭攀爬架

【倾听幼儿】

梦曈：快看，这快要折了。

一诺：用长树枝支撑它。

圣博：我的植物茎太长，没有那么长的树枝。

蓁蓁：我们可以把绳子绑在遮阳板上，让植物继续爬上去。

老师：你们有这么多好办法！需要我怎么帮助你们？

蓁蓁：老师，能帮我把这个绑上去吗？

……

品霖：叶子终于支起来了。

【教师思考】

幼儿借助搭建大棚的经验为植物搭建攀爬架。

【教师支持】

肯定幼儿的创意，及时鼓励，并与幼儿共同搭建。

故事六：驱虫小队在行动

【倾听幼儿】

木棠：叶子上怎么有小洞？

津丞：我发现了一个大虫子。

圣博：这是我带的大蒜水。

老师：为什么带大蒜水？

圣博：大蒜水能驱虫，虫子闻到后会跑掉。

霖皓：老师，我们把虫子放在养蚕的盒子里吧！

毅谦：对，虫子也有生命。

【教师思考】

幼儿发现植物被虫咬坏，借助家长资源制作大蒜水驱虫。部分幼儿对虫子感兴趣，决定养起来。

【教师支持】

满足幼儿的不同需求，鼓励利用家长资源。

阶段三：丰收啦

故事一：第二次收获

【倾听幼儿】

祁然：可以摘了，爷爷说黄瓜长这么大就可以摘了。

乐珲：茎上有小刺，扎手啊！

泽熙：我们可以戴手套摘。

英菡：用剪刀剪下来不就行了吗？

【教师思考】

幼儿根据经验判断黄瓜成熟，决定摘下来。发现黄瓜扎手后，他们尝试用工具采摘。

【教师支持】

1. 共同收集采摘工具，并关注幼儿保护自己的方法。

2. 倾听幼儿分享采摘过程中的发现。

故事二：分享果实

【倾听幼儿】

津丞：我想把黄瓜分享给哥哥姐姐们。

泽熙：可以切成小块，一个班一个班地分。

圣博：我想给保安叔叔和刘大夫看看。

圣博：老师，我想看看黄瓜里面是什么样的。

津丞：里面有种子，我们还可以播种。

【教师思考】

幼儿体验了种植的过程，愿意分享成果，并发现种子的秘密。

【教师支持】

1. 支持幼儿跨班级分享丰收的果实。

2. 带幼儿观察果实内部，感受小种子的孕育和轮回。

【倾听家长】

佳美妈妈：孩子每天观察亲手种植的小种子一点点变了样。我们感受到孩子是那么热爱大自然，居然会对着植物说话。哇，真的太美好了。学前教育是孩子一生中接受的最为重要的教育，作为家长，我从心底感谢老师对孩子们成长所付出的辛劳与汗水。

曼晴妈妈：果果回家一直念叨着班里种的黄瓜结果了，还说大家一起摘下了黄瓜，闻了气味，还和大班的小朋友去分享了。孩子绘声绘色地和我讲，言语间的快乐和满足真是特别感染人心。特别感谢班级开展的种植活动，让这些生活在城市的孩子能有机会了解植物生长的过程，感受从种子到收获果实这个奇妙的过程。

课程反思：

1. 倾听幼儿，支持幼儿多元学习。关注幼儿视角，我们发现种植活动中幼儿的多元学习：观察植物生长，产生对植物的兴趣；了解植物生长的多样性；体验植物生长的不同周期；照顾植物，有责任感；在沟通交往中学会表达观点；欣赏植物之美。教师尊重幼儿的想法，支持个性化发展。

2. 教师需先行学习，走在幼儿前面。幼儿对植物产生了许多好奇，教师和幼儿一起学习，同样好奇幼儿好奇的问题，发现幼儿发现的现象，以支持者、合作者和引导者的身份与幼儿共同学习和成长。

管理思考：

幼儿自我效能感是指幼儿对自己能够完成任务的信心和能力，对于幼儿的成长和发展非常重要。教师在生活中不断鼓励幼儿，丰富幼儿的自信心，让幼儿觉得"我能行"。自我效能感高的幼儿，在面对问题时能够积极主动。

在本故事中，幼儿基于对种植的情感不断生成后续活动，从搭建温暖的大棚到给小苗搭建攀爬架，幼儿在一次次的活动中更自主，相信以自己的能力能够呵护植物生长。他们相信只要坚持下去就会有收获，从而更加坚持去完成心中的目标。在与同伴的友好互动中，同伴的帮助与肯定让幼儿更加自信，提高了自我效能感。后续，我们还可以针对幼儿的个性发展，结合社会、家庭等因素，对每位幼儿的学习和发展进行具体的分析，努力促进每位幼儿的成长。

（罗美佳）

课程故事四　我和动物做朋友

班级：中班　教师：刘　源　刘雪薇　张双伊　李　宏

课程来源：

　　九月的阳光温暖和煦，操场上一只小虫子从洞穴中爬出来，引起孩子们的好奇。孩子们围成一圈，观察并讨论起了这位意外闯入的小动物。这是孩子们探索奇妙动物世界的起点，它源于孩子们的好奇，也正是这份好奇支持他们进行深入且长久的动物世界探索之旅。

课程目标：

1. 愿意了解感兴趣的动物知识，如动物的生活习性、外貌特征等。
2. 观察、比较动物的不同、相同及其原因。
3. 感受通过查找图书、网络资料等方式获取动物信息的成就感。
4. 喜欢小动物，经常问一些有关动物的问题。
5. 愿意照顾小动物并乐在其中。
6. 能够通过绘画、材料制作、表演等多种方式创作表现动物。

网络图：

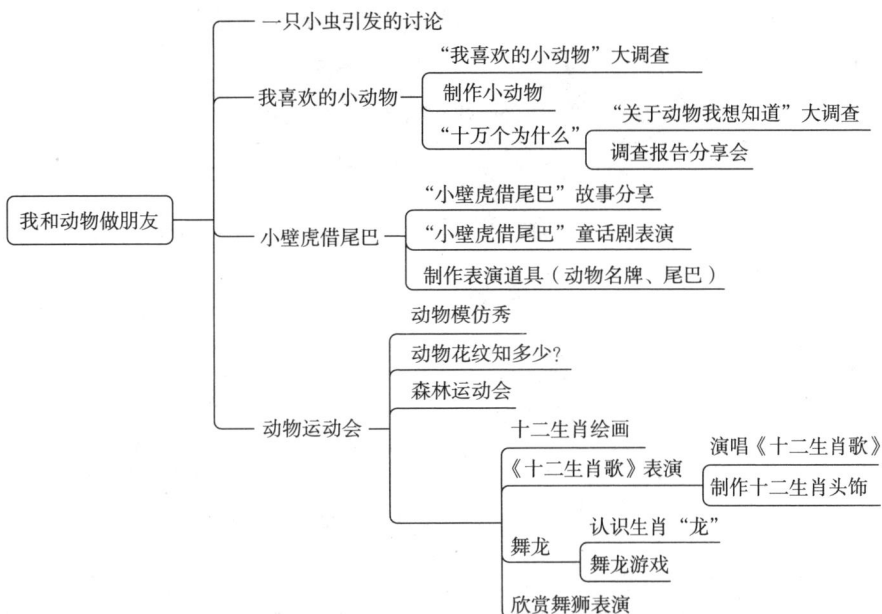

🧁 **课程纪实：**

故事一：一只小虫子引发的讨论

秋风习习，召唤出秋虫在操场上爬行。"这里有虫子!"宥辰有了新发现。孩子们围绕在虫子周围，交流着对虫子的畅想。"它是马路虫。""这是毛毛虫吧! 它有绒毛。""我知道寄生虫。""这到底是什么虫子呢?"孩子们七嘴八舌，争论不休。

【教师思考】

孩子们乐于发现身边的新生命，对它的名字、由来充满好奇，根据自己已有的经验猜测着。从中我们发现，孩子们记住了虫子的名字，脑海中却并没有与之相对应的图式，所以引发了对一只虫子的讨论。

为了丰富幼儿的认知，教师在班中图书区投放了虫子科普类图书，其中真实的虫子信息也能引发幼儿更好地对照现实生活中遇到的昆虫。

故事二：我喜欢的小动物

随着对动物兴趣的加深，孩子们日常讨论的动物不再局限于幼儿园和班级。每个幼儿都寻找到自己喜欢的小动物，随之而来的还有很多问题与困惑：小猫为什么会爬树? 小兔子的耳朵为什么比其他小动物的长? 孩子们将自己的问题画在了纸上，并将自己的问题带回家，和家长一起搜索关于小动物的秘密（表5）。经过多方面的调查，孩子们将搜集的信息带到了班级中进行分享。

【倾听幼儿（视频表征）】

表5 "关于动物我想知道……"调查表

姓名	我喜欢的小动物	我的问题
玥玥	小熊	小熊在哪里睡觉?
淘淘	长颈鹿	长颈鹿吃什么?
杨杨	兔子	小兔子为什么跳得高?
嘉怡	小猫	小猫为什么会爬树?
心心	兔子	小兔子的神秘事情是什么?
嘉泽	乌龟	小乌龟的头为什么能缩进去?
诚诚	乌龟	小乌龟的壳怎么那么厉害?

（续）

姓名	我喜欢的小动物	我的问题
想想	小猫	小猫为什么能够钻到地缝里？
大霖	蛇	蛇为什么像一根棍子一样长？
琪琪	猫头鹰	猫头鹰为什么会飞？
子语	小狗	小狗为什么会把舌头吐出来？
麒麒	小狗	小狗为什么有坚硬的爪子和牙齿？
蛋蛋	企鹅	企鹅为什么摇晃着走路？
俊宇	变色龙	变色龙为什么会变色？
晞晞	猫	猫爱吃什么？
妍妍	兔子	为什么兔子爱吃萝卜和生菜？

【倾听班级教师】

孩子们对小动物非常感兴趣，对动物的外形、声音、生活习性有很大的探索热情。孩子们的关注点不同，愿意通过多种方式探究答案，并将自己的答案分享给更多的小朋友。

在整个课程活动中，每个幼儿都有自己的想法与思考，他们乐于发现、探索、记录与分享。在"十万个为什么"的活动中，孩子充分表达着自己的想法与思考，在动脑动手中发现多种查找答案的途径。同时，分享的过程锻炼了孩子的语言表达、逻辑思维能力。幼儿在分享过程中展示了自己，更大胆、自信，更有成就感。

故事三：小壁虎借尾巴

根据前期对不同动物身体特点的观察和兴趣，孩子们了解到不同动物的身体特征都有着各自的用处。基于前期经验，我们开展了"小壁虎借尾巴"的儿童剧表演活动。表演中，孩子们充分体验表演故事的乐趣。

【倾听幼儿（绘画表征）】

初次体验后，表演游戏的小朋友对这次游戏进行了绘画表征，画下他们最想记录下来的内容，并在一起交流感受。

心心：可以演小壁虎很开心（图18）。

雯竣：我在演壁虎妈妈（图19）。

图 18

图 19

表征过后，表演的孩子们坐在一起，分享自己的游戏感受。在分享中，他们回顾本次表征中的问题，并思维共创出解决方法。

"刚才我都忘记你们演的是什么了。"杨杨说。

"徐耀辰都没上台，还是我提醒他的。"琪琪骄傲起来。

"角色太多了，我都分不清。"玥玥说。

"我们可以像理发店一样，你是美甲师就带一个牌子。"耀辰想了一个好主意。

"那我们把动物都画下来。"琪琪说。

"嗯，是个好主意。"琪琪的方法得到其他同伴的认可。

【教师思考】

第一次表演往往伴随着问题与困惑，这是非常正常的事情，因为中班孩子的思维特点是以具体形象思维为主，在感兴趣时会想先尝试，不能够预设所需要的材料和会遇到的问题。往往他们会在表演中思考、不断调整表演方式、丰富材料。从本次的绘画表征及语言表征中可以知道，目前孩子遇到的最突出的问题是角色分配。通过迁移理发店人物名牌的生活经验，他们初步找到了解决问题的办法。

故事四：动物名牌制作

"我今天要制作小壁虎的名牌。"麒麒拿着小壁虎的图片陷入了沉思。"可是我不会画呀。"麒麒叹气道。"可以慢慢来的。"我鼓励他。"你先看一看小壁虎的头是什么形状的。""嗯，是三角形的。"麒麒说着在纸上画了一个三角形。万事开头难，麒麒画了最为艰难的第一笔，之后他认真观察着图片。"身子是一个长方形，还有爪子。"他一边观察一边画，很快壁虎的雏形就画了出来。在麒麒的细致观察中，他发现壁虎的手有四个爪子，还为壁虎添上了绿色和棕色的花纹。麒麒沿着轮廓把他绘制的壁虎剪了下来，用打孔器打上孔，穿了一根长长的绳子。小壁虎的动物名牌制作完成了。

【倾听幼儿】

俊麟：我画了小壁虎，心里很开心，像小姑娘在跳舞一样（图20）。

杨杨：我画了小燕子，非常高兴，我有点喜欢小燕子了，因为我画出了它（图21）。

图20　　　　　　　　　　　　　　　图21

子语：我感觉心里有个小人在做操，我画了一只做操的小牛（图22）。

妙筠：老师夸我画壁虎画得好，心里很甜美，像橙子味的雪糕（图23）。

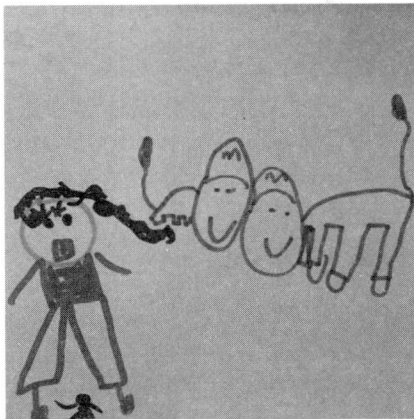

图22　　　　　　　　　　　　　　　图23

【倾听班级教师】

在制作动物名牌的过程中，我们看到了孩子们丰富的想象力和创造力。他们积极思考，灵活地寻找材料，迁移已有的游戏经验，并与当前的游戏建构起紧密的联系。在他们的绘画表征中，孩子们用生动的、含有比喻句的语言描述画面，令人惊喜。我们惊喜于他们的语言表达能力和修辞能力能够在日常对话中表现出来，也非常高兴听到孩子说"我开始有点喜欢小燕子了，因为我画出了它"。这份自我效能感的提升得益于教师的认真倾听，通过绘画表征表现得淋漓尽致。

故事五：尾巴制作

在之后的表演中，孩子们对表演动物有了较大的兴趣。很多小朋友提出疑问："动物没有尾巴怎么行？"于是，孩子们开始探索制作动物尾巴的方法。

"牛的尾巴上是有毛的。"妙筠提出用毛线来做牛的尾巴的想法。借助班级开展过编织活动的经验，她从美工区找来蓝色的毛线，拿出两股绳子，把其中一股向中间交叉，然后重复着这个动作。"这就像妈妈给我编辫子。"妙筠说。不久后，牛尾巴终于做好了。她迫不及待地戴上新的尾巴，学着黄牛的动作表演了起来。

分享时，妙筠把牛尾巴展示给其他小朋友。"真像牛尾巴。"朵朵说。"但是牛的尾巴应该是棕色和黄色的呀。"姿妍提出了建议。"我觉得下面的结还应该再大点，它太小了。"嘉泽说。"我还可以再做一个更好的。"妙筠说。

【教师思考】

孩子在重复的表演中对故事剧情有了更加深刻的理解和认识，他们不再满足于对话的表现形式，诞生了用"尾巴"表现动物特点的想法。在制作中，他们积极迁移编织经验，对比思考牛尾巴的特点，寻找毛线这一材料，把牛尾巴制作出来。孩子们还能相互出谋划策，能够接纳同伴的想法和建议。

制作尾巴的活动也引来了班级其他幼儿，他们也想装扮成小动物进行表演，于是他们把自己的想法通过绘画的方式记录下来，并对材料选择、形象设计有了初步的设想。

故事六：动物运动会

随着对动物特点的了解和兴趣的进一步加深，小朋友们开始模仿动物的动作。在与班级幼儿的商讨下，我们决定在户外开展"动物运动会"。小朋友模仿自己喜欢的动物进行比赛。在报名时，很多小朋友都报名了自己喜欢的小动物。"小兔子，它是这样跳的。"杨杨双手比"耶"放在头上，双腿向上蹦。"还有袋鼠，袋鼠也是跳的。"麒麒说。"袋鼠是往远处跳，兔子是向上跳。""哦，所以袋鼠是要比谁跳得远，兔子是比谁跳得高。"蛋蛋说。

【倾听幼儿（绘画表征）】

子语：我扮演的是蛇和小兔子，蛇是爬着走的，兔子是跳着走的（图24）。

想想：我扮演的是小马和小蛇。小蛇吐着舌头爬很有意思（图25）。

图 24　　　　　　　　　　　　　　　图 25

芊宇：我扮演小兔子跳很开心，还想玩（图26）。

宥辰：我想用卡车把大象运到运动会上（图27）。

图 26　　　　　　　　　　　　　　　图 27

【教师思考】

动物运动会是由幼儿自主模仿动物的行为自然延伸出的游戏。在游戏中，孩子们锻炼肢体动作，感受对身体的控制和支配。在模仿喜欢的动物的过程中，分辨不同动物运动方式的相同与差异。如兔子跳和袋鼠跳，虽然都是跳，但结合兔子跳得高、袋鼠跳得远的特点比赛，胜利的标准也不同。孩子能在游戏中比较各种动物的行动方式，进行细致观察与比较。

🐝 课程反思：

1. 感受到科学与想象的融合、幼儿与自然的和谐。这是一次孩子们对自然界生物的探索与洞察，是自然科学与孩子们天真的想象相融合的盛宴。参与其中的每一位成员都有不同的收获。

孩子们对动物的认知逐渐丰富，通过查找资料、参观博物馆、倾听同伴分享、家园合作调查等方式，收获了很多有关动物外貌、生活习性的认知。对朋友的概念得到了扩充，在探索中学习"爱人""爱己"，也唤醒幼儿对于身边动物朋友的关注。孩子们关心爱护小动物，他们的爱与喜欢不再停留在语言上，而是付诸行动。他们在活动中明白，爱是行动，哪怕微小。他们还开始思考如何"爱己"。这是一个从探索世界到探索自身的转变，也是孩子意识到人与自然、人与动物是和谐一体的开端。他们在讨论中思考，爱基于了解，基于对自己生活的细致体察、用心体会。

2. 在倾听中寻找生命教育的意义和价值。对于教师而言，学习倾听理念，采用绘画表征、儿童会议、视频表征、音频表征、表格表征等方式来倾听幼儿，旨在尊重孩子的每一种表述，接纳孩子的行为。教师对生命教育的意义也产生了更加深刻的理解。生命教育应成为伴随幼儿终身的教育，应该允许其自然发生。教师要保持与孩子同样的好奇，与孩子共同探索整个过程。

🌱 阅读思考：

在阅读这篇课程故事时，我感受到了孩子们对动物的探索与关爱。从小虫子引发的讨论、关于动物我想知道的故事中，我看到了幼儿的好奇好玩。

幼儿在课程中不仅了解了更多动物，而且获得了多元的发展。在"小壁虎借尾巴"和"森林运动会"中，孩子们学会了团结合作、互相帮助，体会到了团结友爱的力量。课程不仅拓宽了孩子们的视野，而且让孩子们在探究中学会了爱人、爱己。

丰富多彩的活动要基于对孩子们的倾听。教育不仅是知识的传授，还要关注孩子们的精神品质和情感。教师在活动中扮演着观察者和引导者的角色。通过和小动物的互动，孩子们有记录和思考，逐渐成为有爱心、有责任感的人。

（马庆庆）

课程故事五　我们开饭啦

班级：中班　教师：安玉洁　邬京桦　刘雪韵

🐟 课程来源：

孩子们升入中班后，更喜欢吃幼儿园的饭菜了。每一餐，幼儿园里的大厨师和大夫都会来班里陪他们一起吃。他们也更加喜欢在幼儿园里吃饭，还喜欢在角色区里当小厨师制作蛋糕。同时，通过和家长沟通，教师了解到孩子们回家后经常和爸爸妈妈分享在幼儿园吃的美食，还会猜一猜第二天的饭菜，期待每一天的美食。

课程目标：

1. 体验与美食互动带来的快乐，感知食物的种类、外形、生长环境等特点，对健康的食物有积极的态度和美好的情感。
2. 接纳食物的不同形状、颜色、味道，懂得爱惜食物。
3. 通过动手操作，产生自我服务的意识。
4. 感知食物文化、进餐礼仪，传承和创新中华传统文化。

网络图：

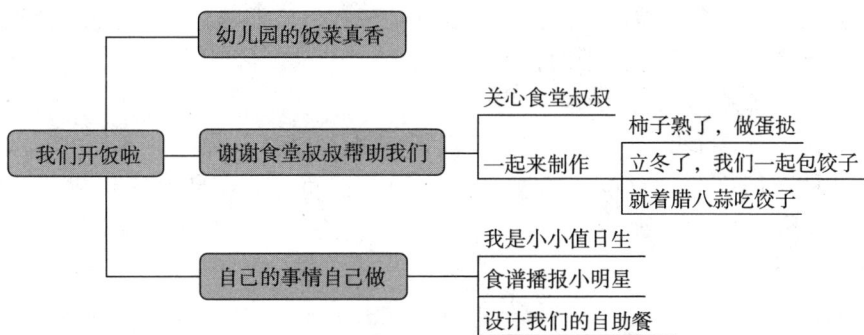

课程纪实：

故事一：幼儿园的饭菜真香

【倾听幼儿】
早饭前，小朋友在盥洗室里一边洗手，一边猜今天的早饭会吃什么。
"我猜会吃巧克力发糕，我最喜欢吃了。"
"我猜会吃果酱面包，我喜欢吃幼儿园的蓝莓酱。"
"我最喜欢吃幼儿园的肉龙，和我姥姥做的味道一样。"
孩子们自发地讨论了一个关于"早饭吃什么"的小话题，热闹非凡。
【教师思考】
幼儿对于幼儿园每天的早饭特别感兴趣，喜欢吃幼儿园的早饭，愿意猜一猜每天早饭的食物是什么，也愿意分享自己喜欢吃的早饭并说出理由。
【教师支持】
后续根据班级幼儿的兴趣，教师运用多种马赛克方法倾听幼儿。例如，幼儿间围绕"我喜欢吃的饭菜"聊一聊自己的想法；画一画我最喜欢吃的食物，倾听幼儿的心声；多角度鼓励幼儿表达自己的想法和心愿，给予下一步支持。

故事二：谢谢食堂叔叔帮助我们

片段一：叔叔推餐车很冷吧

早上，食堂叔叔推着餐车来送饭。

自怡：食堂叔叔为什么把手缩进袖子里推餐车呀？

教师：你摸摸餐车把手。

自怡试探着摸了摸，一下就把手缩回来了说：好凉呀，好凉呀！

教师：对呀，叔叔每天推着这么凉的餐车，可冷了。

自怡：那为什么不戴手套呢？咱们给食堂叔叔送个手套吧！

教师：因为食堂叔叔要做饭，需要保证卫生，不能戴咱们小朋友戴的那种手套。你还有其他好办法帮助叔叔吗？

自怡：那咱们把这个把手给裹上。

教师：你这个想法真好，咱们可以和小朋友一起试一试。

小朋友们帮助食堂叔叔给餐车把手加上护套之后，自怡见到叔叔就问："叔叔你手还冷吗？"叔叔笑着说："不冷了，一点都不冷了，谢谢你们。"

【教师思考】

幼儿通过饭菜了解了食堂叔叔，进而产生了更深的情感，能够关注到食堂叔叔手很冷，想要帮助叔叔。在给餐车增加护套后，更是关注叔叔的想法，用自身的行动来回馈叔叔的辛苦。

【教师支持】

教师进一步倾听幼儿，了解幼儿对叔叔的哪些方面感兴趣，想要和叔叔一起做什么事情，同时关注后续餐车护套的使用是否合适，是否需要调整。

片段二：柿子熟了，做蛋挞

通过绘画、班级会议、一对一谈话等方式，我们发现幼儿对于食物的味道、制作方式有浓厚的兴趣。有的小朋友想和食堂叔叔一起炒菜，有的小朋友想自己做一做他们喜欢的金银卷。正逢霜降节气，幼儿在了解了霜降的习俗和美食后，对秋天的柿子非常感兴趣。他们愿意摸一摸、闻一闻柿子，也想动手做一做柿子美食。

【教师思考】

活动前，幼儿调查收集制作蛋挞需要的工具、材料及制作方法。活动中利用幼儿园中的食堂资源，邀请食堂叔叔一起烤蛋挞，请客人老师一起削柿子皮、切柿子。幼儿在亲身操作体验中，感受柿子的形态、味道，了解制作蛋挞的方法，体会当小厨师的辛苦，产生了感恩之心。

【教师支持】

下一步关注班级中的每一名幼儿，了解幼儿的性格特点、需要和发展。日常生活中也关注班级幼儿的年龄特点和兴趣需要，继续开展有层次、多感官、可操作的活动。

片段三：立冬了，我们一起包饺子

立冬，孩子们想包饺子。食堂叔叔来班级和面，孩子们聚精会神地观看，感叹叔叔的厉害。醒面时，大家讨论着饺子。面醒好，孩子们洗手、穿戴围裙、帽子。大家动手包饺子，专注放馅、捏皮。他们发现叔叔包的饺子有花边还能立起来。

从卫生角度考虑，活动后，食堂把孩子们制作的饺子给老师们品尝。幼儿制作了海报张贴在食堂，请老师一起吃饺子。听到老师们的反馈，孩子们感到非常开心，之后在家中也帮助爸爸妈妈包饺子。

【教师思考】

在包饺子活动中，幼儿与食物紧密连接，体验了制作和分享的乐趣，在做一做、尝一尝中锻炼了动手能力，感受自然的馈赠与美好。同时，饮食文化也植根于孩子心中，以食为媒，让幼儿健康、快乐地成长。

片段四：就着腊八蒜吃饺子

"小孩小孩你别馋，过了腊八就是年……"幼儿了解到腊八要泡腊八蒜，自发从家带来蒜头，想要一起制作腊八蒜。

美宸：梓睿，这个蒜我剥不动。

梓睿：我也剥不动。

翊鸣看了看说：那我来帮帮你们吧。你们看，这样把蒜的外衣剥下来，然后使劲掰就变成一瓣一瓣的了，要把每个蒜瓣的衣服都剥下来。

两个小朋友一边剥一边问：翊鸣，你看这样对吗？

翊鸣点点头说：对呀，就是这样，一点皮也不剩。

很快，瓶子里装满了蒜瓣（图28）。食堂叔叔和我们分享了腊八蒜快速变绿和变得更脆的小妙招，孩子们高兴极了。

图28

在泡好腊八蒜之后，幼儿把腊八蒜放在便于观察的地方，隔一段时间就会去看一看，还问老师什么时候会变绿。在好奇心的驱使下，幼儿观察并记录了腊八蒜变绿的过程。新年时，幼儿把自己的腊八蒜带回家，让家人尝尝自己的成果，充满了自豪感。

【教师思考】

在制作腊八蒜的过程中，孩子们很投入、很感兴趣。每个小朋友都剥了满满一瓶蒜，很有成就感。在剥蒜的过程中，幼儿不但发展了手眼协调能力，锻炼了手部小肌肉动作，更能在劳动过程中感受生活，体会收获的喜悦。

故事三：自己的事情自己做

片段一：我是小小值日生

午餐时，孩子们做值日。小池说："今天的小值日生，去洗手做准备啦!"美宸和元宝马上起身去洗手，戴围裙、手套。小池："我发筷子。"美宸："我想发碗。"元宝："那我发盘子吧!"说着就动起手来。

【教师思考】

幼儿在值日生活动中能增强为他人服务的意识和责任心，人际交往能力和语言表达能力也得到提高。同伴间互相商量、合作，共同完成任务。活动中，幼儿感受到自己是班级的小主人，增强了自信心。

【教师支持】

后续继续倾听幼儿关于值日生要做什么、怎么做的声音。帮助幼儿丰富生活经验，养成热爱劳动的意识和能力。

片段二：食谱播报小明星

每天开餐，老师们都会将这一顿饭的菜谱跟大家进行分享，说一说菜名及饭菜里的营养。每到报菜名时间，小朋友们都听得格外认真。

熠熠说：我是今天的小小播报员，我来给大家报菜名吧!

在老师的帮助下，熠熠报了菜谱。小朋友看到后，也纷纷表示想来试一试。

【教师思考】

熠熠有小小播报员的经历后，主动提出报菜谱的想法。在报菜谱时，熠熠表现得很自信、积极。熠熠的行为引发了其他小朋友报菜谱的愿望。

片段三：设计我们的自助餐

马上就是新年了，小孩子们都很期待新年自助餐有哪些好吃的，于是讨论起来。

自怡：咱们马上就要过新年了，你们想在新年自助餐吃什么好吃的呀？

元宝：我想吃冰糖葫芦。

美宸：我想在自助餐吃饺子。

小池：我想吃比萨。

教师：小朋友有这么多想吃的食物，到底哪种食物最受欢迎呢？

小池：我们可以投票呀。

熠熠：那我们来举行一个新年自助餐投票吧。现在只知道咱们班小朋友最喜欢吃的食物了，那别的班小朋友喜欢吃什么呢？

小池：我们可以去别的班问问。

就这样，小朋友投完票之后，拿着表格去问其他班："老师好，我们是来调查新年自助餐的，你们想吃什么呀？"经过投票后，我们得到了答案：比萨、草莓、糖葫芦。孩子们拿着统计表告诉了食堂叔叔幼儿园全体小朋友的期待，和食堂叔叔商量能不能制作他们喜欢吃的食物。

新年自助餐时，孩子们打破原有的进餐位置，自己布置环境。大家坐在一起吃饭，享受着团圆和美食的欢乐。

【教师思考】

在自助餐活动中，幼儿成为活动的主体，主动和其他班级的老师、小朋友交往，了解全园小朋友喜欢吃的食物，自己设计座位，获得全面发展。

课程反思：

1. 主动地养成良好的饮食习惯，感受健康之美。整个活动中，幼儿在亲身体验、动手操作中了解食物的烹饪过程，了解了食物的营养价值，以及怎样吃、吃多少等。幼儿参与到制作食物的过程中，获得参与感和满满的成就感，潜移默化地养成健康的饮食习惯。

2. 珍惜劳动成果，感受劳动之美。幼儿也关注到食堂叔叔的辛苦。在制作美食的过程中，感受到桌上的饭菜来之不易，萌发了尊重劳动之情。

3. 体味生活的烟火气，感受艺术之美。在食物制作、品尝的过程中，幼儿关注了食物的色香味，餐桌的摆放，餐具的样式、材质、花纹等，提升了审美感受能力和创造力。

阅读思考：

学习了"我们开饭啦"课程故事，我感动于教师基于倾听幼儿，运用食堂资源，开展的丰富多彩的幼儿喜欢的体验活动，如烹饪体验、食物探索游戏等。幼儿展现出了极高的参与热情。幼儿不仅了解了食物的种类、营养价值，而且逐渐养成了良好的饮食习惯，如不挑食、按时进餐等。在食物制作活动中，幼儿用简单的食材制作出各具特色的美食，充分发挥自己的想象力和创造力。

同时，我还有以下一些思考：

1. 关注每一位幼儿。留意每个幼儿的表现，及时发现他们不同的兴趣和需求。

2. 深化家园合作。定期与家长分享幼儿在园的食育表现，提供具体的家庭食育建议和活动方案，鼓励家长积极参与，共同促成幼儿的健康饮食。

（张　洁）

课程故事六　很高兴遇见你

班级：中班　教师：张晓玉　王　锐　刘雪薇

课程来源：

假期后，孩子们回到幼儿园，短暂分别的不舍与想念在再次相遇时喷涌而出。孩子们相互拥抱着，笑着分享假期的生活，诉说着对朋友的想念。"好想你啊！我想每天都和你在一起。""你是我的好朋友，我们坐在一起吧。""今天我的好朋友都来啦!"每个人都和好朋友聚集在一起，用属于自己的方式来表达相聚的喜悦。

课程目标：

1. 能主动参与各项活动，有自信心。
2. 乐意与人交往，学习互助、合作和分享，有同情心。
3. 在与同伴或成人交往时，能使用礼貌用语，理解他人，关爱他人。
4. 理解并遵守日常生活中基本的社会行为规则。
5. 懂得自己的事自己做，与朋友交往时要讲诚信。

网络图：

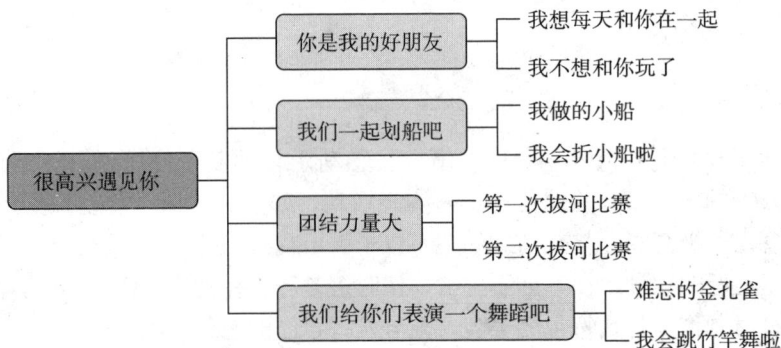

课程纪实：

故事一：你是我的好朋友

片段一：我想每天和你在一起

经过漫长的假期，孩子们终于迎来了欢聚的时刻。他们畅想着和好朋友的游戏，制订着属于朋友间的计划。"我们又见面啦，我们可以一起玩了。""我们一起跳舞吧，我教你。""我想送你一幅画，画完就送你。""我想和你梳一样的头发，因为你是我的朋友。"

【教师思考】

孩子的童言童语饱含着对朋友的想念和内心炙热真挚的情感。他们热切地把假期中学到的新本领展示给朋友、把玩过的游戏用简单的语言介绍给朋友，他们勇敢地表达想法、传递欢喜。

片段二：我不想和你玩了

"我不喜欢你了。"游戏时，思语和同伴发生了冲突，说出了这句话。思语的话让班里的孩子们发现，与好朋友相处有快乐，但也有发生冲突的时候。那我们应该怎么办呢？"我们也可以用说话棒来讲话。"振振想起来图画书中提到的"说话棒"。"我们要好好说话，可以说我想做什么。"宓宓发现了他们说话友好的方法。"我们也在听小朋友的话，如果不听也不能知道他是怎么想的呀。"思语知道了在冲突中还要善于倾听。"如果不想说话，也可以画个画给她道歉。"旭成提了一个好建议。"也可以把好听的话画下来呀。"格恺补充着。"还记得邮递员的游戏吗？我们可以当邮递员寄信啊。"顿顿灵光一闪，想出了金点子。

【教师思考】

在与同伴交往的过程中，难免会发生冲突。借助图画书，孩子们想出了更多好好说话的方法。他们想用寄信的方式传递温暖与情感，用说话棒的方法学习冷静和倾听。在讨论中，小朋友们能倾听同伴的想法，还能在同伴观点的基础上进行补充和丰富。

传声筒、小信箱、说话棒为孩子们提供了学习好好说话的工具，增进了孩子们表达情感的机会与互动的方式，孩子们更能体会到好好说话在同伴交往中的重要性。

【教师支持】

根据孩子们寄信的想法，班级中投放了小信箱和传声筒。每天早晨，会有小朋友将画好的画放进小信箱中，然后叫朋友来取信。还有的孩子与朋友用传声筒说悄悄话，两个传声筒用一根线相连，传递着孩子的声音，也传递着孩子间浓浓的友情。

故事二：我们一起划船吧

片段一：我做的小船

孩子们对做小船有了很多的期待，那么怎么制作小船呢？用什么材料制作小船呢？在第一次尝试时，孩子们从班级选择材料，制作完成后放到水盆里进行尝试。接下来，大家又进行了多次实验。在实验的过程中，经验也越来越丰富。有的用塑料瓶做船体，将吸管和皮筋绑在一起，尝试做动力装置；有的用聪明棒拼插船体和船舱，为了保证下面不进水，还用小棍堵住；还有的用卷纸筒做船体，把吸管夹在船体中间做立柱，上面将用彩纸剪的彩旗作为装饰（图 29）。

图 29

在活动进行一段时间之后，孩子们开始和家长讲述班里的活动，说出自己制作小船的想法，这也吸引了更多家长的兴趣。可可和妈妈一起在家用纸折叠了一艘特别大的船；宸绚在家用绳子、瓶子、筷子制作小船，放到大水盆里进行实验。

折叠纸船也是班级很多小朋友都喜欢参与的一项活动。大家主动阅读美工区的折纸书，学习折叠小船的步骤。午餐前后，孩子们也将折纸材料拿到户外进行学习和尝试。掌握了折叠纸船的方法后，孩子们当小老师，教给身边的同伴们。

片段二：我会折小船了

孩子们开展了小船比赛。活动时主动当小老师，教其他班的小朋友制作小船。两名幼儿做裁判，为其他班的幼儿介绍比赛规则。比赛时，旁观的小朋友一起喊着加油，为参赛选手助力。

在第一天的游戏后，小小回到班级里交流。

小小：幼儿园的小朋友们都来到我们的场地游戏，我们一起将折小船的方法分享给其他班的小朋友，有同年龄的小伙伴，也有大班的哥哥姐姐。我今天真的太累了！

老师：为什么太累了？

小小：因为每次来一个人，我就得再说一遍"折完小船记得涂上蜡笔"。

老师：为什么要这样做呢？

小小：因为我这样说他们才能知道折完要涂颜色，要是不涂，小船湿了就白折了。

老师：那有什么好办法让自己不那么累吗？

小小：我下次可以在小朋友都坐在一起的时候说一遍，大家都能听见。

老师：好啊，那下次你可以试一试这个方法。

小小：还有一个问题，老是有小朋友不会，教他做还是不会。

老师：为什么会这样呢？

小小：可能是因为小老师教不过来吧，每个小老师要教三四个小朋友。

老师：那我们可以怎么解决这个问题呢？

千毅：可以把海报上的步骤图拿给小朋友看，让他们看着图做。

继恒：对，哥哥姐姐会看图示，可以让他们看着图示做。

顿顿：我也发现了，今天有一个哥哥就去看图了，他们都认识数字。

于是，我们一起制作了放大版的步骤图（图30），在每一步下面标注了序号，在需要折叠和拉开的地方用虚线和小手标注说明。

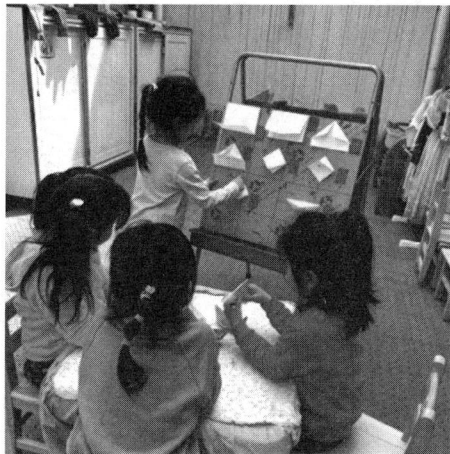

图30

【倾听幼儿】

老师：你觉得小船赛跑的游戏怎么样呀？

小小：我喜欢这个游戏，因为我可以当小老师。但是我有点累，走来走去的，还得一直和小朋友说。

老师：当小老师是有些辛苦，有没有什么收获呢？

小小：今天婉娉在看图叠小船的时候，我觉得特别高兴。

老师：为什么呢？

小小：因为她学会了呀！

原来，小小的收获是看到婉娉根据图示成功制作小船的喜悦。小小的成就不仅来源于小朋友制作成功的喜悦，更多的是感受到自己的想法发挥了作用。

【教师思考】

在小船游戏中，每个人都为自己的班级献力献策。在实验过程中，联系生活经验，对于船体结构有了更多的观察与感知，感受沉浮小实验的有趣，尝试关注不同材料遇到水之后的变化。每个小朋友都在其中收获了交往的喜悦。

故事三：团结力量大

片段一：第一次拔河比赛

今天，我们开始了一次拔河比赛。老师："你们玩过拔河游戏吗？"大家纷纷表达自己的想法："没有玩过，只看到过大班的哥哥姐姐玩""这个比赛有特别多人参加，比谁的力量最大""大家都很用力，一直往后拽绳子"。

竞赛分为男孩和女孩两组进行。孩子们脸上的表情各不相同，有的充满了激动和兴奋，有的充满了认真和斗志，有的由于重心不稳而摔倒，迅速站起来继续战斗。观战的男孩子也在不断地为女孩子们鼓劲加油，最终我们获得了胜利。虽然筋疲力尽，但是孩子们的脸上都洋溢着笑容。

【教师思考】

幼儿对于拔河方法、竞赛规则、动作要领有了初步的了解，并在尝试和探索中逐步调整自己的动作。幼儿参与活动的整体热情也非常高涨，愿意通过自己的努力完成竞赛，并努力获得胜利。幼儿关注如何能够获得胜利，也愿意主动参与活动，为集体荣誉而努力。

【教师支持】

幼儿对拔河游戏热情高涨。在接下来的活动中，要关注幼儿的手臂力量、团队意识。并且，和幼儿一起观看拔河竞赛的视频，了解拔河相关的动作要领与方法。

片段二：第二次拔河比赛

拔河游戏开始了，首先进行的是男生之间的对决。提前清点人数，开始了各自的"排兵布阵"。"宸绚，你应该站在那边，你和我同边了。"格恺看着身后的宸绚提醒着。"我力气大，我要在，最后肯定能赢，我会把他们都拉过来!"恒恒一上场就直奔绳尾，兴奋地预测着比赛结果。比赛开始，站在前面的小朋友立刻使劲向后拽绳子，站在后面的小朋友也纷纷得到信号，一起向后用力拉，有的小朋友把身子转向后面拉绳子，有的小朋友身子向后倾斜，手里紧紧攥着绳子。比赛结束，胜利的孩子们放下绳子，高兴得跳了起来，还有的和好朋友拥抱、击掌，庆祝着自己的胜利。输了的小朋友们也没有泄气，互相安慰着彼此。

【教师思考】

在这次拔河游戏中，幼儿积极调动原有经验，巧妙利用拔河策略，在前一次的基础上有了明显的进步和发展。这一次，孩子们能够利用前期学习和积累的拔河经验，自己调整位置，设计队形，还能相互提醒站位。虽然他们对彼此间的距离还没有很好地掌握，但是对于绳子左右两边各站一个小朋友的规律已经有了意识。更加可贵的是，他们在输了比赛后能够相互安慰，彼此鼓励，这种友爱的氛围像一股暖流，让人感受到朋友间的温暖和团结。

故事四：我们给你们表演一个舞蹈吧

片段一：难忘的金孔雀

今天表演区迎来了大班的姐姐，她们穿着绿色的衣服向我们介绍傣族的服装。她们还向我们展示傣族舞蹈，舞蹈还有一个好听的名字叫《金孔雀》。优美的动作、灵活的身形使观看表演的小朋友们非常向往，不由自主地跟着姐姐一起跳。"这个胳膊是这样的。""要先往这边扭。""这个手要对齐，放在肚子这里。"虽然第一次跳，动作不是很熟练，也不够标准，但是姐姐们耐心地纠正动作……在姐姐们的帮助下，小朋友们也化身为一只只小小的金孔雀，在"森林"中尽情舞蹈。

【教师思考】

幼儿善于观察和学习，向班级的好朋友、其他班级的幼儿、教师等学习。大班的舞蹈虽有挑战性，但也让我们看到了孩子们在兴趣驱动下的主动学习。

片段二：我会跳竹竿舞了

在金孔雀舞蹈之后，我们又来到大班，欣赏了哥哥姐姐们一起跳的竹竿舞。自此之后，每到游戏前，孩子们都会请我问问大班姐姐今天来不来。在得知姐姐们有事来不了后，又会露出失望的表情。

小小神秘地对我说："您能过来吗？我们想邀请您看一个表演。""好啊！"我欣然前往，看到小小在用木棍当竹竿。于是，我提议："如果你们想跳竹竿舞，我们去大班借他们的竹竿吧。""好啊。"孩子们一致同意。"宓宓、婉娉，你们快来看，我们借来什么了！"刚到班级操场，梓熙就高兴地呼唤着同伴，放下竹竿后，连忙跑进班里叫伙伴们出来。"太好了，我们开始玩吧。"孩子们把竹竿放在地上摆好，嘴里一边念着姐姐们教的口诀"开合、开开合……"一边跳了起来。

【教师思考】

孩子们在没有竹竿时，能够自己寻找材料代替进行游戏。去借竹竿时，孩子们也表现出合作与配合。几个小朋友在这时融为了一个集体，共同付出努力，通过自己的努力完成了跳竹竿舞的心愿。

课程反思：

两季寒暑，我们一点点见证着孩子们的成长，看着他们从"这是我的"到"我们要谦让"的转变；听着"你可真棒呀""为你点赞"的声音在班级中越来越多；感受着他们彼此之间是如此的温暖而真挚。孩子们热爱生活，关爱同伴。他们逐渐熟悉在开放的国际视野下与他人相处的法则；在生活中感受与同伴和谐相处的快乐。关心、合作、尊重、友好、沟通、共情，这些美好的词语与品质，在孩子身上一点一点展现，闪出金子般的光芒。面对冲突，他们开始不再回避，而是积极面对，有了独立解决问题的信心和勇气；逐渐包容同伴的问题，接受朋友的道歉；慢慢学着尊重人与人之间的差异与不同；生活中能够接受别人的想法，倾听他人的意见。孩子们一直在成长，一直在改变。相信这不是结束，而是另一个美好的开始。

阅读思考：

中班是幼儿建立同伴交往的一个重要阶段。张老师敏锐地把握住幼儿假期后久别重逢的所想、所思，追随幼儿的需求，与幼儿共同体验了一段奇妙的交往之旅。孩子们在折船、拔河、《金孔雀》舞蹈表演等与朋友们一起参加的游戏中，潜移默化地感受到和朋友在一起的不同情绪情感，并逐步以积极的态度解决问题，收获友谊。

故事中，我看到教师对幼儿的尊重、理解、识别、支持，也让我看到了一个个有能力的学习者。作为青年教师，我还要不断充盈自己，和孩子们一起，勇敢地去接受生活中的挑战，热爱生活的点点滴滴，和孩子们共同感受生活的美好与成长的快乐。

（宋雯茜）

课程故事七 幼儿园生活中的声音

班级：大班 教师：刘天汇 王文靖 罗美佳

课程来源：

孩子们在回班的路上被一阵"啊啊啊"声音吸引，孩子们到处寻找，最终发现是一只乌鸦的声音。我和孩子们共同将乌鸦的叫声录制下来，当再次分享视频时，发现视频中除了乌鸦的叫声，还有很多其他的声音，比如风声、小鸟的叫声……这引发了小朋友去寻找更多声音的想法。

那"关于声音，小朋友想知道什么呢？"在收集了 22 名小朋友的想法后（表 6），教师进行了分析与思考。

表 6 "关于声音，我想知道……"调查表

姓名	关于声音，我想知道……	姓名	关于声音，我想知道……
幼儿 1	声音是从哪里来的？	幼儿 12	声音是从哪个方向来的？
幼儿 2	声音看得见吗？	幼儿 13	什么物体能发出声音？
幼儿 3	声音是怎么来的？	幼儿 14	为什么我们能说话，小鱼不能说话？
幼儿 4	如果没有声音，我们的生活会变成什么样子？	幼儿 15	我想记录我能找到多少种声音。
幼儿 5	聋哑人能发出声音吗？	幼儿 16	一个东西能发出多少种声音？
幼儿 6	幼儿园里都有什么声音？	幼儿 17	声音的大小可以调吗？
幼儿 7	我们的游戏里都有什么声音？	幼儿 18	我看书上说声音是由振动产生的，我想知道是真的吗？
幼儿 8	我们班里都有什么声音？	幼儿 19	声音对我们来说有什么用呢？
幼儿 9	每个人的声音为什么不一样？	幼儿 20	我们能和声音做什么游戏？
幼儿 10	所有东西都能发出声音吗？	幼儿 21	什么样的声音会对我们的耳朵造成伤害？
幼儿 11	有我们听不见的声音吗？	幼儿 22	幼儿园上下午的声音一样吗？我们还想听听。

1. 尊重幼儿对声音的兴趣并拓展支持。

（1）分析幼儿到底对什么感兴趣。（如声音是怎么产生的？幼儿园里都有什么声音呢？百科全书上说声音是由振动产生的，是真的吗？……）

（2）提供机会，自由寻找声音，深入挖掘生活中的声音资源。

（3）借助同伴、家长资源，扩展幼儿对于声音的认知经验。

（4）组织有主题的声音游戏，扩展幼儿的学习。

2. 对接《指南》的目标及幼小衔接能力，思考幼儿发展的多种可能性。

（1）科学领域、艺术领域、健康领域、语言领域、社会领域。

（2）幼小衔接：听知觉能力、观察能力、交往能力、前书写能力、倾听能力、合作能力、自我管理能力。

课程目标：

1. 对声音感兴趣，在探索声音的活动中，了解物体振动会发出声音，不同的物体发声不同。

2. 能辨别生活中各种常见物体发出的声音，运用声音经验创造游戏、解决问题，体验与同伴分享的快乐。

3. 在活动中体验多领域活动，获得多元发展，助力幼小衔接。

网络图：

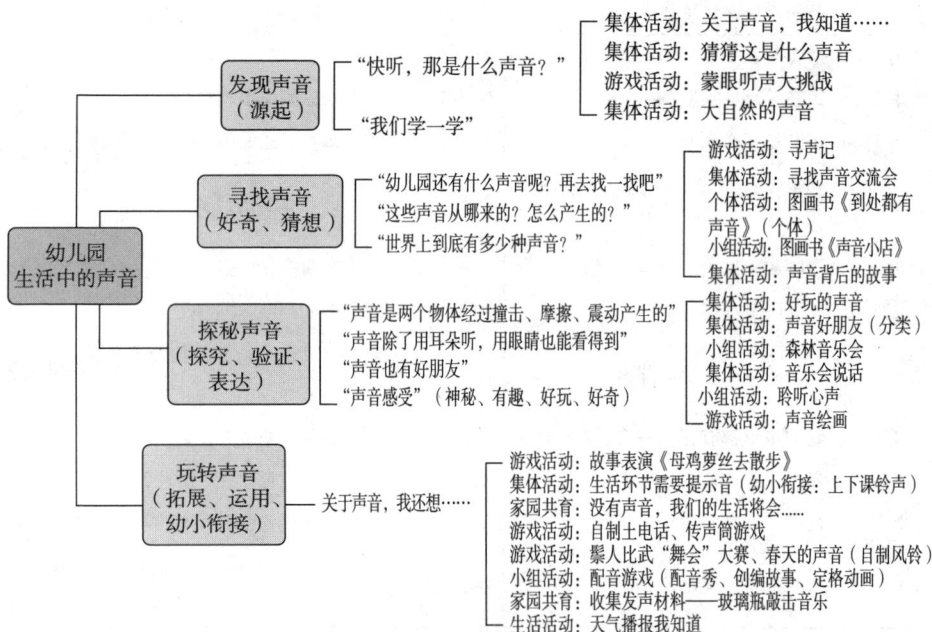

课程纪实：

故事一：寻声音之趣

顺应孩子们的兴趣和想法，我和孩子们一起走到幼儿园各个角落去寻找声音。在寻找声音的过程中，孩子们听到了各种各样的声音："我听见嘻嘻哈哈的笑声""走上树屋听到嘎吱嘎吱的声音"。有的小朋友还提到："我是看到的声音，拍铃鼓的时候鼓面在晃动。"在安静游戏时，小朋友还听到"咔咔咔"的声音。凑近一听，原来是食堂那边传来的，好奇心促使孩子们主动与食堂叔叔进行交流："叔叔，刚才咔咔的声音是怎么来的？""叔叔正在给小朋友做饭呢，菜刀剁在案板上，就会有这样的声音。""哦，原来是这样，叔叔一直这样剁菜剁肉，真的好辛苦呀。"

【教师思考】

幼儿对于突如其来的乌鸦叫声兴趣浓厚，他们开始用多种感官感受各种声音，对周围的事物也在不断产生好奇。在生活中，通过询问、观察食堂叔叔的工作，了解了声音的来源和产生的原因，并感受到食堂叔叔工作的辛苦，萌发感恩之心。

故事二：探声音之秘

话题一：创造不同的声音

孩子们开始尝试创造各种声音。诗云说："栏杆立在那儿的时候没有声音，我用手在栏杆上拍一拍，就会有声音。"诺诺说："尺子卡在桌上，弹一下就会有声音。"他一边说一边尝试着。小朋友们纷纷睁大了眼睛，发现尺子弹起来时，和桌子发生撞击震动，尺子弹起来的声音一直在响起。子傲说："老师您听，拍球的时候球和地面撞到一起就会有声音，我的脚都能感觉到震动。"孩子们还自主选择贴近生活的材料进行探究，比如报纸、塑料袋等，探究多种方法让材料发出不同的声音……

在本次活动中，幼儿尝试在记录单上记录探索发现。借助活动分享，孩子们获取了许多记录的好方法，如用箭头、数字、简笔画等方式进行记录。后续我们也和孩子们讨论了怎样记录能让别人看得懂，不断丰富关于记录的经验。

【教师思考】

孩子们利用不同方法创造声音，在实践中验证了"声音是由物体震动、撞击、摩擦后产生"的科学原理，从每一次的尝试中感受科学需要猜想、实践与验证，建立了积极的科学态度。借助同伴力量，发现记录不清楚的问题以及记录的好方法。孩子们在整个过程中既提高了梳理记录的能力，又积累了前书写的经验。

话题二：帮声音找朋友

孩子们在寻找、创造声音的过程中有很多新发现。牛牛说："有的声音需要敲击产生，有的需要摩擦产生。"恩初说："有的是自然的声音，比如鸟叫声、刮风声、落叶声，有的声音是人为的，需要敲、撞。"知正说："我觉得有些声音是相似的，空调是呜呜的，和风扇的声音很相似。"妮妮说："拉抽屉是咕噜咕噜声，和拉水杯格的声音一样，和外面白柜子的声音也一样。"……孩子们对收集到的声音按照自己的想法进行分类，帮助声音找到更多的好朋友。

【教师思考】

通过给声音进行分类，孩子们对声音的来源、种类、特征有了更加清楚的认识，知道生活中的声音是多种多样的，激发了孩子们继续探究的兴趣。在给声音分类的过程中，孩子们都能有依据地表达出自己的想法。借助同伴交流，迸发出更多的分类方法，体验数学在生活中的乐趣。

故事三：集声音之思

孩子们寻找声音的兴趣一直在持续。关于声音，小朋友还想了解什么？还有哪些活动促进幼儿发展？我们利用马赛克方法再次倾听幼儿，识别幼儿的游戏想法、兴趣，并分析幼儿下一阶段的游戏目的和意图（表7）。

表7　"关于声音，我还想……"调查表

姓名	关于声音，我还想……
幼儿1	可以玩配音游戏，把我们收集到的声音放到故事里面。
幼儿2	想把收集到的声音材料随时放到墙面上，小朋友随时能敲。
幼儿3	我觉得每个东西撞在一起的声音都不一样，我就特别喜欢竹子敲在一起的清脆的声音，和爸爸去云南的时候就有竹子，我们还能跳舞呢！
幼儿4	我还想随时记录寻找到的声音，到时候大家玩配音游戏，随时可以用到故事里面去。
幼儿5	我特别喜欢《母鸡萝丝去散步》这个绘本，到时候我可以演青蛙，吓得跳起来呱呱呱。
幼儿6	我总能听到旁边小学上下课打铃的声音，我们也能有吗？幼儿园可不可以也做一个打铃声呢？
幼儿7	食堂叔叔剁菜的声音代表着我们就要吃饭了。我们在班里也可以有一些有代表性的声音。
幼儿8	我想给动画片配音。妈妈跟我说可以自己制作动画片，然后可以把我的声音录制进去，给大家讲故事。
幼儿9	我们可以在美工区开设比武大会，我看过电视剧，比赛之前可热闹了，敲锣打鼓的。
幼儿10	我觉得筍筍的想法特别好，我想和她一起尝试敲瓶子，到时候可以和其他班的小朋友分享。

（续）

姓名	关于声音，我还想……
幼儿11	可以做一些出声音的小玩具，电动玩具里就有小喇叭，我之前试过，能出好多种声音呢。
幼儿12	我觉得春天有很多好听的声音，如小鸟的叫声、风声。去公园的时候，妈妈给我买了一个风铃，在幼儿园我们是不是也能做风铃呢？
幼儿13	幼儿园里有很多地方需要声音，那些没有发声的东西，我们可以帮它发声。
幼儿14	可以做一些提示音，比如提示小朋友吃饭、洗手、喝水、户外之前需要做的准备。
幼儿15	在班里，我们要用好听的声音说话，不能大声喊，把最好的声音讲给别人。
幼儿16	妈妈帮我收集了很多玻璃瓶子，她说里面装入不同的水，敲的时候就有不一样的声音，明天我带过来，我们可以试一试。
幼儿17	我想知道，如果我们的生活中没有声音，将会变成什么样子。
幼儿18	可以把我们收集到的声音放到故事里面，比如《母鸡萝丝去散步》里。
幼儿19	不开心的时候可以听一听音乐，让我们的心情放松下来。
幼儿20	我觉得淇淇的想法特别好，可以表演故事，几个小朋友可以一起演。
幼儿21	我觉得可以找一找好听的声音，放在表演区，我们能一起唱歌跳舞。
幼儿22	可以把我们找声音的游戏告诉其他班的小朋友，告诉他们这些神奇又有趣的事情。
幼儿23	我想和弟弟一起制作传声筒，到时候我们可以一起玩。
幼儿24	我们可以做长长的传声筒，比后院大滑梯还长的。一个小朋友在一头说，另外一个小朋友在另一头听。也很好玩呀！

【教师思考】

在倾听班级24名幼儿对声音活动的想法后，我感受到了孩子们在游戏中的所思所想，看到每个孩子正沿着自己的生长需求、探索欲望成长着。每一个孩子在游戏中再现着对游戏的认识、思考、问题、探索。当我们把游戏的权利真正还给孩子的时候，每个孩子都有了不起的想法和表现。这一个个惊喜也完全让我成为孩子们的仰慕者，陪他们一起实践，最终实现他们的游戏想法。

故事四：享游戏之乐

游戏1：春日音乐会

在日常生活中，孩子们收集了很多能够发声的材料，如瓶子、饼干罐、月饼盒等。当小朋友把这些材料拿到幼儿园敲敲打打时，小朋友发现每个材料都可以敲击出不同的声音。通过与家长分享班级活动，家长提出了更加有意思的想法：可以将瓶子里放入不同量的水，以此来敲击出 Do、Re、Mi、Fa、Sol、La、Si 的声音。家长从家带来 10 个相同的玻璃瓶，为小朋友的游戏材料提供了有力的支持。经过反复讨论，不断尝试调整水位高度，孩子们终于能够敲击出 Do、Re、Mi、Fa、Sol、La、Si 的声音。他们还收集了关于春天的歌曲，将乐谱张贴在户外乐器墙上，并开心地向全园小朋友介绍，邀请其他班的小朋友进行演奏尝试，唱响属于我们的春日音乐会。

【教师思考】

孩子们通过同伴之间的相互讨论、交流，用玻璃瓶探索着不同的声音，敲击出更多好听的音乐。过程中，他们对声音表现出了浓厚的兴趣，不断尝试调节音准，探索水位高低与敲击声音的关系。

游戏 2：好玩的配音游戏

1. 听故事，配画面。

孩子们每天都在讲故事并进行录音，将录音放在图书区。游戏中，小雨找到我兴奋地说："刘老师，我把听到的故事都画了下来，这样我就能按照我画的给小朋友讲述了。"还有的小朋友提出："我还有一个更好玩的，妈妈给我看过'声临其境'App，既有故事又有画面和声音，它需要把我们的声音放进去，和里面的画面配到一起。"在接下来的几天中，他们开始尝试听故事配画面，或者边看动画边配声音。

【教师思考】

孩子们在游戏中不断尝试将故事与画面相结合，借助家长资源，丰富配音游戏的形式，并且能够将生活中寻找到的声音运用到配音游戏中。在游戏中遇到问题能够主动给予对方建议，接纳同伴提出的想法，让游戏变得更加有乐趣，感受同伴游戏的快乐。

2. 一起创编故事吧！

孩子们产生新的想法：创编故事并给自己的故事进行配音。我们利用儿童会议进行讨论。

问题 1：创编的故事中需要有什么？

小雨：需要有故事书，需要把故事在纸上画下来。

筠筠：故事里要有不同的声音，这样就能把我们在生活中寻找到的声音放进去。

诺诺：可以创编关于蚕宝宝的故事，蚕宝宝每天都与我们在一起。

玉宴：蚕宝宝不能在阳光下暴晒，它可以去借遮阳伞。

问题 2：谁来负责呢？

淇淇：我负责画画，因为我画画比较好。

瑾瑜：我负责创编故事，因为我总在图书区看书，会讲好多故事。

晨晨：我们可以有不同的游戏方式，我不擅长画画，但是我会捏彩泥，可以用彩泥做很多蚕宝宝和桑叶，还可以试着捏出一些彩泥的场景。

恩初：我可以负责听声音。我能分辨声音，能知道哪些声音适合放在故事里。

通过协商交流，小朋友们根据自己的喜好进行分组，并进行了故事创编。

故事一：蚕宝宝探秘结茧

天空打起了雷，开始下大雨。有一只蚕宝宝举着雨伞在草地上走。突然，它遇到了一只狐狸。狐狸说："蚕宝宝，你可以借一把雨伞给我吗？"蚕宝宝说："可以呀，但是要等我走到树洞里，因为我的身体不能沾到水。"蚕宝宝走到了树洞里，把伞借给了狐狸。突然，它在树洞上发现了一条通道，它走着走着，走到了一个新的洞。"哇！好多的桑叶呀！"它开心地吃了起来。吃饱了以后，蚕宝宝就不想再吃桑叶了，因为它很快就要结茧了。

故事二：蚕宝宝借遮阳伞

在一个炎热的下午，一只蚕宝宝想要去找它的好朋友玩儿，刚一打开门，太阳照在了它的脸上。它大声喊："好热呀！我的脸好疼呀，好像要爆炸了一样，我要赶快向别人借一把遮阳伞。"走着走着，它碰到了一朵小花，它想向小花借一把遮阳伞："小花，小花，天气这么热，你可以借我一个花瓣当作遮阳伞吗？""嗯，好呀，我可以借给你。"蚕宝宝取了一片小花瓣说："谢谢你。"

故事三：蚕的美好时光

一只二龄的蚕宝宝"嘶嘶"地爬上桑叶。在叶子角落发现了一个圆圆的东西。"嗯？这是什么东西啊？"它左爬爬、右爬爬，好奇地看着。蚕宝宝觉得无聊，拿出自己的玩具海螺吹了起来。"呜呜、呜呜呜"，好听的声音从海螺里传出来。住在另一片叶子上的柞蚕也在聊天。听，它们说什么呢？"我已经五龄了，马上就能结茧啦！"一只蚕骄傲地说。旁边的三龄蚕说道："啊，我好羡慕你啊！"另一只蚕说："我们一定要多吃桑叶，快快长大呀！"

【教师思考】

通过倾听，我们发现每个小朋友都非常有智慧，能够将之前寻找到的声音和故事进行简单的融合。讨论中，每个人都选择了自己擅长的领域，按照自己的意愿进行了分组，结合班级中蚕宝宝的生活习性，创编了有情节的故事。虽然每个人承担的任务不同，但他们有着共同的目标，并愿意为之付出自己的努力。

游戏3：生活中的提示音——铃声从哪里来？

由于班级的位置离隔壁小学比较近，孩子们经常能够听到小学上课和下课的铃声，午睡时还能够听到眼保健操的声音。借助班级幼小衔接活动的开展，孩子们在图书区也加入了眼保健操提示音，在看书用眼的同时，保护眼睛。结合幼儿园的一日生活，他们还想到："我们也可以有自己的铃声呀。"于是，孩子们拿起录音盒，为生活活动中洗手、喝水等环节录制了属于自己的提示音乐，在日常生活中循环播放。

【教师思考】

孩子们在活动中越来越自主，开始参与班级规则的制订，积极寻找好听的声音，并录制自己的声音在生活活动中播放。在这个过程中，幼儿自主执行规则，不断获得快乐体验，从而内化为自觉的行为，逐步养成规则意识。

课程反思：

1. 主题活动的生成、开展，源于幼儿的兴趣和发现。从小朋友最初听到乌鸦叫声开始，就对声音充满兴趣。众所周知，声音是抽象的，但却富有魔力，与我们朝夕相伴。结合大班幼儿的年龄特点，教师及时捕捉幼儿的兴趣和发现，提出探究问题，激发幼儿对声音进行自主探究。通过"找声音""探秘声音""制造声音""声音运用"的游戏，幼儿对声音的产生、声音的传播、不同声音的特征及声音在生活中的运用有了更加清晰的认知。教师借助幼儿的好奇心和兴趣生成班级主题活动，促进幼儿全面发展。

2. 在活动中追随儿童视角，倾听幼儿的游戏想法，支持幼儿自主探究。"幼儿科学教育应密切联系幼儿的实际生活进行，利用身边的事物与现象作为科学探索的对象。"幼儿对周围世界的好奇和疑问无时无刻不在发生，因此，幼儿科学教育更多的是要做到随时、随机、随地。我们鼓励孩子从日常生活中去寻找声音、记录声音。在日常生活中，幼儿是自由的，不受各种常规的约束，可以随心所欲地去做、去想。在活动中，遵循幼儿探究在前、教师支持在后的原则，根据幼儿探究活动的情况和新发现，追随儿童视角，为幼儿提供支持，同时在活动中和幼儿共同回顾、梳理新经验，激发幼儿对声音自主探究、自主游戏的兴趣。

3. 家园同携手，合力促发展。借助班级活动"幼儿园生活中的声音"，家长和幼儿共同收集生活中的发声材料，为幼儿提供更多新颖的游戏方法，如利用手机制作的定格动画，自制的打击乐器等。家长从幼儿的行为与表达中发现：他们的学习主动性越来越高，从书中看到的科学原理能够大胆地操作实践、验证……基于儿童兴趣开展活动，幼儿传递活动、教师分享价值、家长参与活动，家园同携手，共同帮助幼儿获得发展，茁壮成长。

阅读思考：

本次课程活动源于孩子们的生活体验。教师倾听孩子声音，巧妙地拓展到幼儿在日常生活中感知到的各种声音，生成系列课程活动。这一活动不仅激发了幼儿的好奇心和求知欲，还促进了他们在多个领域的发展与提升。

幼儿在活动中显示出了强烈的求知欲和探索精神，这种以幼儿为主体的课程活动不仅激发其学习兴趣，而且提高了他们主动参与和自主学习的能力。

活动中，幼儿还表现出了良好的合作精神和团队意识。在小组活动中，幼儿需要相互协作、共同完成任务。如在配音游戏中，幼儿借助同伴分享的故事进行拓展与创编，结合故事情节进行声音材料的制造，有目的、有计划、有协商、有合作，在小组活动中相互学习、相互帮助，共同完成了许多有趣的任务。这种合作学习不仅锻炼了他们的社交能力，而且培养了他们的集体荣誉感和责任感。

"幼儿园生活中的声音"课程活动是一次有益的尝试和实践。通过这次活动，我看到了幼儿在声音课程中的成长与进步。在未来的课程实施中，我们要继续深入开展幼儿视角下的游戏活动，继续探索多元化的教育手段，为幼儿提供更加丰富多彩的学习体验。

（吴　静）

课程故事八　和秋天做游戏

班级：大班　教师：刘天汇　杨宇昕　张　洁　诸葛坤

课程来源：

一阵秋风吹过，悬铃木的叶子开始缓缓凋落，孩子们赞叹道："好美呀！秋天来啦！"我好奇地问："你们怎么知道是秋天呢？"他们争先恐后地说："现在吹的风越来越凉快了""现在的天气，我们要穿长袖了，不能穿半袖了""因为树上开始结出小果实了"……我们围坐在一起，在秋风的吹拂下畅谈秋天的美好。

课程目标：

1. 尝试用绘画、制作、表演、朗诵等方式表达对秋天的感受，在发现、欣赏、表达中感受秋天的美，萌发热爱大自然的情感。

2. 利用多种感官感知秋天自然环境的变化，了解秋天的主要季节特征。

3. 能与同伴共同探索、解决游戏中的问题，获得新经验，促进自主学习及与同伴合作、沟通的能力。

4. 在多元活动中获得多元发展，为小学学习打下基础，助力幼小衔接。

网络图：

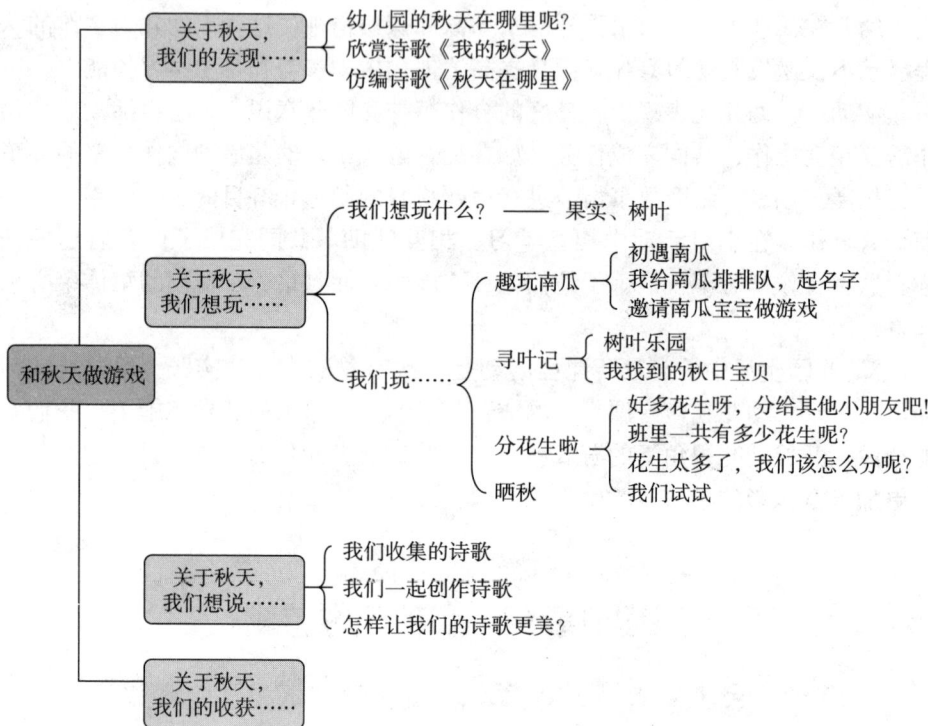

课程纪实：

故事一：关于秋天，我们的发现……

话题1：幼儿园的秋天在哪里呢？

樾霖：我发现秋天是丰收的季节，幼儿园的石榴长大了。

思锐：秋天是丰收的季节，很多果实都会在这个季节成熟。

小美：秋天很美，有很多黄色、橙色交织在一起，很漂亮，很温暖。

泽熙：秋天到了，叶子就会慢慢凋落，像跳舞一样掉在地上。

圣博：银杏叶有一点点发黄了，叶子的边儿开始变颜色了。

乐珲：有时候在树底下能感觉到秋风。树叶还会发出沙沙沙的声音。

【教师思考】

通过访谈、表征，我们了解了幼儿对秋天的原有经验。同样也发现幼儿善于观察大自然环境，通过身体的感觉器官真切地感受到身边天气、环境的变化，表达着自己对秋天的初步感知，发现初秋的秘密。

话题2：欣赏、仿编诗歌《我的秋天》

随着幼儿不断交流对秋日的感受与发现，我与幼儿共同欣赏了一首关于秋天的儿童诗《我的秋天》。优美的音乐响起，老师进行朗诵，幼儿闭上眼睛沉浸其中。第一次分享《我的秋天》后，幼儿对儿童诗有了初步的感知，结合自身的生活经验，开始尝试仿编儿童诗（图31）。在后续的活动中，小朋友将诗歌内容以绘画的形式表现出来，带回家与家长一起分享，获得了家长们的赞许。

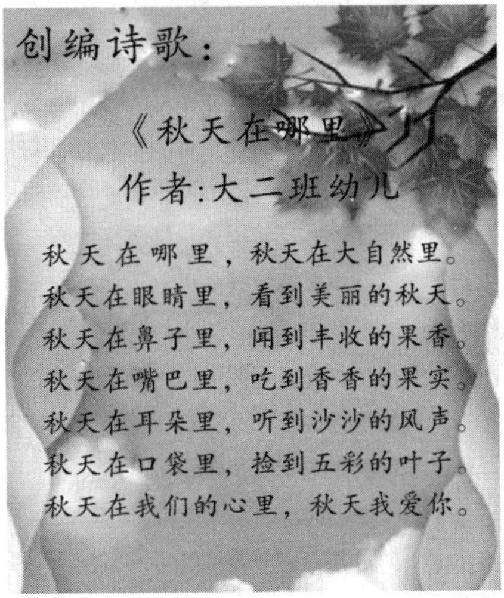

创编诗歌：

《秋天在哪里》

作者：大二班幼儿

秋天在哪里，秋天在大自然里。
秋天在眼睛里，看到美丽的秋天。
秋天在鼻子里，闻到丰收的果香。
秋天在嘴巴里，吃到香香的果实。
秋天在耳朵里，听到沙沙的风声。
秋天在口袋里，捡到五彩的叶子。
秋天在我们的心里，秋天我爱你。

图 31

【教师思考】

第一次分享儿童诗，幼儿闭上眼睛沉浸其中，静静地享受美好的语言，感受秋天的意境美，也在欣赏、感受中发现儿童诗的语言与日常口语、讲故事语言的不同。儿童诗里的语言相对优美，听上去很温暖，儿童诗中还会出现重复的语言和好听的叠词，比如"我把秋天藏在××里，悄悄地、轻轻地……"幼儿的话匣子也随之打开，他们开始尝试仿编。秋天还能在哪里呢？从短到长，从简单到复杂，诗中有着孩子们对大自然、对秋天的情感表达，大二班的"小诗人们"也就此诞生。他们还将诗歌内容以绘画的形式展现出来。

【家园共育】

我们将欣赏的诗歌内容、幼儿创编的诗歌内容与家长进行分享，并将诗歌活动的价值与家长进行深度解读，即幼儿通过欣赏、朗诵、阅读图画书等丰富的文学作品，可以积累词汇，以诗歌的形式表达自己对秋天的感受和想法，感悟文学语言的美好。在此过程中，幼儿的口语表达能力得到了提升，有效促进幼小衔接，获得家长的认可。

故事二：关于秋天，我们想玩……

顺应幼儿的兴趣和想法，我们鼓励幼儿自发自愿寻找秋天、捡拾秋天。在寻找秋天的过程中，我们选择用儿童会议的方式了解幼儿对秋天游戏的想法（表8）。

【倾听幼儿】

表8　"关于秋天，我想玩……"儿童会议

幼儿姓名	关于秋天，我想玩……
幼儿1	我发现秋天有漂亮的叶子，可以和树叶做游戏，做粘贴画。
幼儿2	我发现幼儿园里有大石榴、银杏叶。我最喜欢在秋天和好朋友玩捉迷藏的游戏，我们可以设计捉迷藏的游戏，把在秋天找到的东西藏起来。
幼儿3	我发现秋天树开始掉叶子了，叶子像跳舞一样缓缓飘落，好像一只小蝴蝶。
幼儿4	我最喜欢这个大南瓜了，圆滚滚的。我们可以玩比赛滚南瓜的游戏。
幼儿5	我发现石榴成熟了，开始变红了。
幼儿6	好多花生呀，可到底有多少颗呢？我们可以一起数一数。
幼儿7	很多的叶子收集在一起应该很好看吧，我们积攒的越多，就越好看。我们可以撒落叶。
幼儿8	这么多的南瓜，谁是老大谁是老二呢？
幼儿9	这么多的南瓜，每个长得都不一样，每个南瓜都特别有特点。
幼儿10	我喜欢听果子掉在地上的声音，会"啪嗒"一声，像球一样。
幼儿11	树叶好美呀，黄绿相间，好看极了！
幼儿12	我最喜欢踩叶子，因为会有咔嚓咔嚓的声音。
幼儿13	我发现了秋天的果实，还有秋风。
幼儿14	我最喜欢剥果实，比如栗子、花生，每次都能听见咔咔的声音，还挺好玩的。
幼儿15	我想和这一堆南瓜做游戏，可以切开尝一尝，应该很甜吧！
幼儿16	每一片叶子都不一样，颜色不一样，形状也不一样，可以做好看的粘贴画。
幼儿17	我发现秋天的果实成熟了，我们可以把果皮切开晒干。

【教师思考】

利用儿童会议的方式倾听每位幼儿的游戏想法。教师分析出幼儿对秋天的果实、树叶的兴趣，也追随幼儿的游戏经验和关注点开展后续活动。我们发现幼儿能够根据自身的生活经验及游戏想法，表达出相对优美的话，如"叶子像跳舞一样缓缓飘落，好像一只小蝴蝶""树叶好美呀，黄绿相间好看极了！"……记录幼儿充满特点的文学性语言，鼓励幼儿相互进行分享。

游戏1：趣玩南瓜

秋天是丰收的季节，班级里各种各样的南瓜吸引着孩子们的眼球。小朋友们谈论着自己的感受："南瓜摸上去像楼梯一样，咯噔咯噔的""有的南瓜有皱纹，有的没有皱纹""这个南瓜好大呀！比小朋友的头大多了""我感觉南瓜和我一样重""我吃过南瓜，甜甜的，有的南瓜吃上去是软的，有的是比较干的"……每个人都在用自己的方式来认识这些新朋友。在户外游戏时，他们自发对南瓜的大小、颜色进行比较。根据比较的结果，孩子们决定给南瓜排排队。在给南瓜宝宝排队的过程中，幼儿更加深入地了解了南瓜的特征，根据特征给南瓜宝宝进行创意起名。于是南瓜宝宝们都有了新的身份：珍珠大瓜、小扁、小绿、楼梯、小橘、大喇叭、小可爱……孩子们还将南瓜和体育游戏相结合，开启滚南瓜大赛、搬南瓜大赛、运南瓜大赛。基于幼儿对户外游戏材料的经验与熟悉度，我们将创造游戏、组织游戏的权利交给幼儿，他们自主分组，开展比赛。三组小朋友在游戏前商量游戏玩法、游戏规则，感受与果实做游戏的快乐。

【教师思考】

教师充分尊重、保护幼儿的好奇心和学习兴趣，给予幼儿充分的时间和空间，通过闻一闻、摸一摸、看一看、抱一抱等方式来认识各种各样的南瓜，还按照南瓜的颜色、形状、大小、高矮等不同特点给南瓜分类。

倾听幼儿，将秋天的果实与户外体育游戏相结合，让幼儿成为活动的主人。教师也在退后的过程中发现，幼儿有组织游戏的能力，当分组设计游戏遇到困难时，同伴之间能够想办法协商解决问题，还能将游戏经验、规则进行分享，形成班级共同的游戏，达到合作化共同学习的目标。

游戏2：分花生啦

幼儿与家长收集了很多秋天的果实。在家长的支持下，孩子从家带来很多花生。当他们知道花生的寓意为"好事发生"时，决定将班级里的花生分给全园小朋友。可全园有多少名小朋友呢？幼儿采用电话询问、走访调查的方式进行查询，确认后，小朋友开始数花生。有的小朋友两个两个数，有的一个一个数，还有的按照十个十个数的方法，最后得出花生总数量达到400颗左右。接着，小朋友们又遇到了一个难题，"400颗左右的花生，怎么分给其他班的小朋友呢？大一班31人，每个人分多少？"为了降低难度，幼儿决定将所有的花生装到不同的袋子里，将给每个人分花生的想法转换为给6个班分，最后将花生装到30个袋子里，分给6个班。

【教师思考】

《指南》中指出：大班幼儿能通过实物操作或其他方法进行10以内的加减运算。但在分花生的过程中，孩子们的学习与发展已经远远走在前面了。面对幼儿愿意挑战的行为，我们选择放手，和幼儿一起动脑与探究。在游戏中，幼儿能够寻找不同的替代物来满足自己的操作需要，在实践分配中，也能想到很多的好办法。在本次游戏中，幼儿通过实际操作、亲身感知的方式，获得数量的分合学习、数量等分的经验，形成数学思维，感知生活中数学的有趣。

故事三：关于秋天，我们想说……

结合前期丰富的游戏经验及欣赏多种体裁的诗歌，幼儿产生了创编诗歌的愿望。小朋友们自主结伴，按照喜好分为四大组：南瓜组、玉米组、花生组和树叶组，组内商讨创编诗歌的内容。

幼儿创编诗歌：

南 瓜

作者：木 棠 李思锟 李品麟 刘紫琳 乐 浮 姜佳美

南瓜像一个山洞一样，可以让小车走来走去。

南瓜像小船一样，可以漂浮在水面上。

南瓜像个武器一样，可以发射炮弹。

南瓜摸上去像冰棍一样，冰冰凉凉的。

南瓜像盾牌一样，可以抵挡攻击。

南瓜像灯笼一样，可以照亮黑夜。

树叶粘贴画

作者：奕泽熙 李宗恩 田蓁蓁 赵懿安 张梦瞳

我用树叶做小船，在水里游来游去。

我用树叶做小鸟，在天空中飞翔。

我用树叶做女孩，在舞台上跳舞。

我用树叶做蝴蝶，在草丛中飞来飞去。

我和玉米做游戏

作者：郑霖皓 王圣博 祁 然 鲁毅谦 白子渔 高睿辰 赵一晨 李思锐

剥，剥，剥玉米，剥成玉米粒。

磨，磨，磨玉米，磨成碎玉米。

扫，扫，扫玉米，扫到筛子里。

送给小鸡吃。

啄，啄，啄玉米，小鸡吃得很开心！

花生歌

作者：刘津丞 杨樾霖 张一诺 王雪莹 张桐铭

麻屋子，白帐子，里面住着红胖子。

猜猜这是什么？是花生。

一二三，数花生。

四五六，摆花生。

七八九，夹花生。

夹花生可真刺激呀。

【教师思考】

幼儿能够根据前期欣赏过的诗歌，在诗歌中融入反复的修辞手法、叠词等，将原有欣赏诗歌经验与生活经验、游戏经验相结合，运用于创编诗歌当中；表达形式多元化，能够有创意、有想法地选择诗歌进行表达；在小组共同创作的过程中，能够发现语言逻辑性；通过诗歌形式，能够将生活中的发现、对秋天美的感受，以优美、有趣的文学语言记录形成诗歌，感受文学语言的魅力。

教师也从中发现每一个孩子都是天生的诗人，在孩子的世界里，小鸟会唱歌、南瓜像灯笼、树叶会跳舞……孩子们用最质朴的话语打动着我们的心弦。

故事四：怎样让我们的诗歌更美呢？

幼儿欣赏、创作不同类型的诗歌，并将诗歌内容融入表演。在游戏中，安安尝试使用沙锤为诗歌伴奏，发现乐器与诗歌相结合，有种不一样的美，同时激发了其他小朋友为诗歌配乐的想法。每个小朋友都找到了自己想要演奏的乐器，有摇铃、三角铁、响板、鼓、木琴。小朋友们前期商讨想要伴随轻音乐进行朗诵，而班级中的圣博小朋友恰巧钢琴演奏得非常棒，于是大家邀请他为我们的诗歌朗诵进行伴奏。

【教师思考】

以安安为起点，将音乐与诗歌相结合，仿佛把小朋友带进情景当中，一个个生动、有趣、活泼的诗歌情节跃然眼前。孩子就像天生的诗人，让音乐在童稚的表述下，带上一抹诗意。我们抓住孩子们当下的兴趣，珍视孩子们富有创造性的表达，共同感受诗歌、音乐之趣、之美，感受艺术的熏陶与创作的快乐。

课程反思：

1. 活动的缘起、开展，来源于幼儿生活。课程活动来源于幼儿之间的交流，来源于大自然与幼儿的生活，既是从幼儿的经验中生发、深化出来的，又对未来的经验有启发意义；既建立在幼儿已有经验的基础上，又能引发幼儿的活动兴趣，促使幼儿渴望获得未来的经验。

结合幼儿日常交流内容，如周六日与爸爸妈妈爬山采摘、捡栗子、天气转凉等焦点话题，以幼儿的兴趣为出发点，关于秋天的游戏化生活课程就此开展。秋天的大自然也给幼儿提供了最生动的学习空间，就像一把珍贵的钥匙，打开了孩子们探索的大门。

2. 多元方式倾听幼儿，了解、支持幼儿。班级活动"和秋天做游戏"正是在教师倾听幼儿的基础上，通过儿童会议、一对一表征倾听、访谈、围圈时间等多种倾听方式，来捕捉、了解幼儿真实的兴趣、需要和发展水平，理解幼儿并及时进行积极回应，由此生成一系列生动、有趣、有操作、有发展的课程活动。

3. 转变家长观念，看见孩子的力量。通过日常交流，我们了解到家长对幼小衔接非常关注，尤其想让孩子系统地学习知识。通过系列活动，家长发现幼儿在活动中的发展与小学是有极大关系的，如在诗歌活动中，幼儿积极表达，创作诗歌，与小学语文仿写句子、作文等相似。家长也在活动中发现了幼儿的力量，从知识性教授转变为以幼儿兴趣为出发点，以游戏的方式贯穿幼儿一日生活，达到幼小衔接的目的。

4. 儿童视角下的生活美育活动立足于幼儿本身，发展于幼儿本身。幼儿在"我和秋天做游戏"课程活动中主动参与、充分表达、自主尝试、乐于探索、积极合作，用自己的方式表现对周围世界、自然的体验、认识与理解。随着课程活动的推进与拓展，幼儿通过前期的参与操作、自主探索、交流讨论、丰富体验等获得了对秋天充分而全面的经验，并在整个活动即将结束的时候将活动推向高潮，获得了语言表达、数学思维、合作交往等能力，以及在游戏中遇到问题想办法解决问题、不放弃等优秀品质。

在课程活动的最后，幼儿也成为反思的主体。通过回顾游戏过程、创作过程等活动激发幼儿进行总结与思考，在活动后进行充分的自我评价，提升自身的活动经验和游戏水平，从而达到幼小衔接的目的。

💡 管理思考：

这个课程体现出以幼儿为中心的教育理念。教师善于捕捉幼儿生活中的点滴，从日常交流中挖掘课程主题，充分尊重幼儿的兴趣点。在课程实施中，通过多元倾听方式，了解幼儿的真实需求和发展水平，给予他们充分的时间和空间去探索、表达。同时，注重家园合作，转变家长观念，让家长看到孩子在活动中的力量，共同助力孩子成长。我们要持续保持这种灵活性和开放性，为幼儿创造更丰富的学习体验。

（王文靖）

课程故事九　草药之源

班级：大班　教师：赵浩池

🐟 课程来源：

大班下学期，对于即将毕业的幼儿来说，越来越珍惜现在的幼儿园时光，舍不得好吃的饭菜，舍不得有趣的玩具。婳祎说："我最舍不得银杏叶和银杏果。"这引起了同伴的共鸣，上学期大家一起捡拾银杏果，还寻找了各种方法去除银杏果的味道。浩初说："我和妈妈在查怎么去银杏果味儿的时候发现它还是一种中药，可以治病呢。"

浩初的话引发了幼儿的讨论：什么是中草药？幼儿园里还有什么中草药？于是班级开展了"寻找幼儿园的中草药"系列活动。

课程目标：

1. 喜欢参与活动，感受中草药的神奇与传统文化的魅力。
2. 能大胆表达自己的想法，遇到问题能共同探讨，协商解决。
3. 能了解更多的中草药知识，与生活建立联系，作用于生活。

网络图：

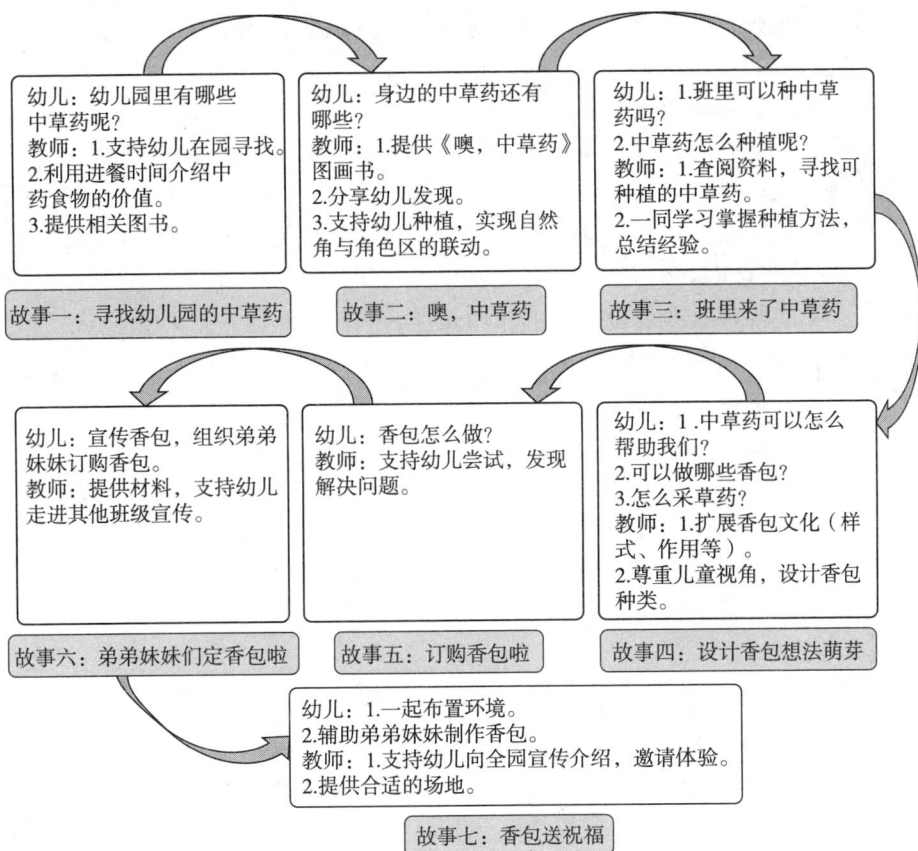

幼儿：幼儿园里有哪些中草药呢？
教师：1.支持幼儿在园寻找。
2.利用进餐时间介绍中药食物的价值。
3.提供相关图书。

故事一：寻找幼儿园的中草药

幼儿：身边的中草药还有哪些？
教师：1.提供《噢，中草药》图画书。
2.分享幼儿发现。
3.支持幼儿种植，实现自然角与角色区的联动。

故事二：噢，中草药

幼儿：1.班里可以种中草药吗？
2.中草药怎么种植呢？
教师：1.查阅资料，寻找可种植的中草药。
2.一同学习掌握种植方法，总结经验。

故事三：班里来了中草药

幼儿：宣传香包，组织弟弟妹妹订购香包。
教师：提供材料，支持幼儿走进其他班级宣传。

故事六：弟弟妹妹们定香包啦

幼儿：香包怎么做？
教师：支持幼儿尝试，发现解决问题。

故事五：订购香包啦

幼儿：1.中草药可以怎么帮助我们？
2.可以做哪些香包？
3.怎么采草药？
教师：1.扩展香包文化（样式、作用等）。
2.尊重儿童视角，设计香包种类。

故事四：设计香包想法萌芽

幼儿：1.一起布置环境。
2.辅助弟弟妹妹制作香包。
教师：1.支持幼儿向全园宣传介绍，邀请体验。
2.提供合适的场地。

故事七：香包送祝福

课程纪实：

故事一：寻找幼儿园的中草药

通过查找资料，幼儿了解了银杏树的果子是中草药，叫"白果"，并提出了问题：幼儿园里其他的树会不会也是中草药呢？

通过调查，幼儿发现幼儿园里其实还隐藏了很多的中草药，比如前院的丁香树、槐花，后院的悬铃木等，都有一定的药用价值。同时幼儿还发现每日的饮食里也有很多的中药食材。比如，早上香椿炒鸡蛋里的香椿，水果橘子的皮可以做成陈皮，羊肉萝卜里的白萝卜等。

通过对幼儿园环境和饮食的探索，幼儿将找到的这些中草药进行了分类——食物中的中药和自然中的中药。

【倾听幼儿】

浩初：老师，我奶奶说玉兰树的花是中药。

千平：它的树皮也是，可以治疗鼻炎。

佳桐：老师，那个柿子树也是，它的叶子可以消炎。

凯翔：妈妈说石榴树的叶子也是中草药呢。

佳佳：丁香花也是呢。

小熙：那个槐花也是中草药，之前我们家就买过。

清扬：我妈妈说悬铃木的叶子和树皮都是中药。

子瑜：对，我和妈妈一块查资料也看到了，它的树叶可以治高血压。

（在一次午饭时，幼儿发现喝的汤里有红红的枸杞）

安安：老师，这个汤里红色的东西是什么啊？

教师：这个叫枸杞。

浩初：我记得我妈妈之前说枸杞也是一种中药，可以补气。

佳佳：它吃起来甜甜的。

海正：你们不知道吧，其实白萝卜也是一种中药。之前我咳嗽的时候，妈妈就让我多吃白萝卜，说对身体好。

乾均：之前我看奶奶晒橘子皮，它是不是也是一种中药呢？

雨泽：肯定是！我妈还拿它泡水喝呢。

【教师思考】

幼儿基于对银杏果的探究兴趣，引发了对幼儿园其他植物的探索，也对幼儿园各种各样的树有了更多的认识。他们发现原来身边平时不起眼的树还有药用的价值，这对于他们来说是有意义的学习，跟生活建立了联系。尤其对于一些食物中的中药，有些幼儿有挑食的现象，当知道这些食物是中药，对身体有好处时，也更愿意去尝试吃它，改正挑食的不良习惯。

【教师支持】

1. 鼓励幼儿大胆进行探索，表达自己的发现和想法。

2. 借助中草药的功效与幼儿的生活建立联系。

3. 根据食物的功效，结合季节、天气、幼儿健康情况等，对挑食幼儿进行适度劝餐。

故事二：班里来了中草药

天气变暖了，班里也迎来了一些"新朋友"——艾草、藿香、薄荷、紫苏等。幼儿对这些"新朋友"的到来非常欣喜，都想赶紧把它种到班级的花箱里（图32）。

图 32

当中草药种好之后，我们也迎来了新的问题：应该怎么照顾这些中草药呢？幼儿借助图书和上网查阅资料，找到了照顾中草药的方法。于是，每天为中草药浇水成了幼儿一日生活中必不可少的一项活动。

【倾听幼儿】

浩初：水的力量太大了，把土都冲走了，应该轻一点浇水。

羽禾：我觉得要在它根部那儿浇水，不能从上面那么高的位置往下浇水。

凌霄：我觉得需要把它的根种深一点。

佳佳：要慢慢地倒水。

安安：浇水的时候要小心一点，不能把土冲走。

子瑜：浇水的时候要看着点，看到土冲走了就换一个位置浇水。

博文：可以用浇水壶浇水。

【教师思考】

通过种植能够看出，幼儿很喜欢中草药，虽然缺乏经验，但是为了更好地照顾中草药，他们主动去查找资料，结合原有经验和教师的帮助来丰富自己的认知。在亲身体验的过程中，幼儿体会到了同伴合作与种植的乐趣，收获了更多的种植方法。

【教师支持】

将中草药更好地融入幼儿的生活中，借助种植箱，让幼儿体验种植中草药的乐趣和感受，与之建立更多的联系。

故事三：萌芽设计香包的想法

种植中草药后，幼儿了解了更多关于中草药的知识，知道了艾草可以驱蚊杀菌，薄荷可以提神醒脑，藿香可以祛暑等。天气渐渐炎热起来，很多幼儿在户外游戏时出了很多汗。夏天马上就要到了，怎么样能让我们的身体变得舒服一点呢？浩初想到了班级种植的中草药，指着种植箱说道："那个就可以解暑！"他的这句话引起了很多幼儿的讨论，大家想到可以将中草药制作成香包。

【倾听幼儿】

话题 1：针对香包样式

教师：中草药怎样才能帮助我们解暑呢？

安安：我记得之前夏天的时候，妈妈给我闻过一个东西，感觉闻完就好多了。

羽禾：我们可以把它做成香包带在身上，这样热的时候就可以闻一闻了。

教师：那你们了解香包吗？

凌霄：我可以自己画一个喜欢的！

佳佳：我喜欢用布做的香包，上面有做好的漂亮图案。

小熙：我也觉得那样的香包好看。

话题 2：针对香包种类

佳佳：我想做一个可以让人变开心的香包，这样心情不好的时候就可以闻一闻。

明瑄：我夏天的时候妈妈总给我戴驱蚊手环，我觉得艾草可以驱蚊。

浩初：你们别忘了做一个解暑的，天气实在太热了。

嘉儒：文涛心情不好的时候，我可以做个开心香包给他。

贝贝：这些香包里都需要什么呢？

博文：我觉得有艾草。

乾均：还得有藿香。

佳桐：对，得有藿香，那个能解暑。

雨涵：薄荷是不是也可以？每次闻它都感觉凉凉的。

【教师思考】

幼儿用自己了解到的中草药知识解决了生活中遇到的问题，生成了利用中草药制作香包的活动，并共同商讨出想要制作香包的样式和种类。制作香包为幼儿打开了一个新的探索之门，既与中草药相结合，又是对中华民族传统文化的传承。

【教师支持】

尊重并支持幼儿的想法，从幼儿视角出发开展活动，借助网络资源，为幼儿丰富中草药及香包的知识，与幼儿共同进行草药种植与采摘，掌握香包的制作方法，支持幼儿实现游戏的想法。

故事四：祝福香包

幼儿园开展了以"传统文化"为主题的游园会。对于自己班级要开展的游戏，幼儿想到可以做香包，觉得这是一个非常好的机会，能让每个小朋友都有机会了解到香包的用处，并亲自体验制作的过程。

活动前期，我们一起做准备，对香包进行分类、制作香包标识牌、补充中草药，还利用升旗的时间将香包的制作方法向全园的小朋友作介绍（图33）。

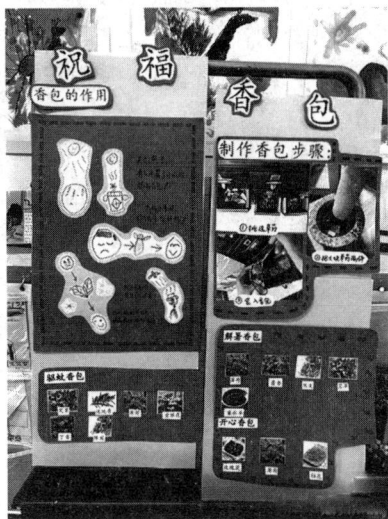

图 33

活动当天，不同班级的幼儿来到这里，在听完讲解之后纷纷选择自己喜欢的香包制作起来。班里的幼儿会走到小朋友的身边进行耐心的指导，帮助他们一起制作。孩子们对做好后的香包爱不释手，有的幼儿一直闻着香包的味道，仿佛在接受香包带来的祝福。

【教师思考】

幼儿主动分享做香包，说明这个活动在幼儿心里是喜欢的、有意义的。只有对中草药感兴趣才会愿意去了解，只有在了解中草药知识的基础上，才能设计出不同种类的香包。活动丰富了幼儿科学、社会等领域的知识，提高了动手操作的本领，还将传统文化内化于心。

【教师支持】

尊重幼儿的想法，接纳幼儿的行为，为幼儿提供材料上的支持，与幼儿共同进行展板制作、香包体验活动场地的布置，把活动的自主权与决定权还给幼儿。

【倾听幼儿】

"草药之源"活动的开展对于幼儿来说是一种全新的体验，也是感受传统文化的神奇与魅力的过程。通过寻找中草药、了解中草药、利用中草药，幼儿逐渐从浅显的认识到利用它的功效来服务于生活。幼儿在这个过程中有了很多的感受和收获。

凯翔：别人送我香包的时候我非常开心，因为夏天到了正好可以用到，闻一闻我就很开心。

沛桐：我感觉每次去中草药那里，都能感受到中草药的功效。

羽禾：我学会了三个香包的制作方法，还知道了关于香包的很多知识。

昊宇：我喜欢驱蚊香包，它可以防止我们被蚊虫叮咬。

婳袆：在中药馆做香包的时候，我学到了很多古人治病的方法。

佳佳：我觉得中草药非常神奇，能够治病。

子瑜：我喜欢解暑香包，它有淡淡的藿香味道，天气越来越热，解暑香包能帮助中暑的小朋友。

清扬：我要送给我的好朋友开心香包，让她每天都开心！

瑞霖：我知道了绿豆也是中药，如果中暑了我们可以熬绿豆汤解暑。

课程反思：

1. 多角度、多维度促进活动的开展。

（1）亲身感知。当幼儿有了解"幼儿园中的中草药"的想法时，教师给予幼儿支持，鼓励幼儿借助生活中的资源走出班级，通过看一看、闻一闻、摸一摸、记一记等方式，了解幼儿园环境中的花草树木。在了解的基础上，借助家长资源查找资料，丰富幼儿对中草药的认识。

（2）品尝感受。以幼儿发现食物中的中草药为契机，通过品尝了解其中的营养及药用价值，改变了很多幼儿挑食的现象。

（3）动手尝试、操作。幼儿通过亲手种植，对中草药的生长有了更深入的认识。在制作香包的活动中，通过亲手装药、捣药等操作来感受香包的制作过程，发现中草药更多的价值。

2. 尊重儿童视角，让幼儿成为活动的主体。随着幼儿对中草药兴趣的加深，我们开展了如发现身边的中草药、了解中草药、种植中草药、制作香包、分享香包祝福等一系列活动。每个活动都展现了幼儿持续的学习、发现与探索。不仅如此，幼儿还将自己了解的知识进行收集和整合，制作成一本《中草药说明书》，方便同伴阅读，相互分享和学习。

幼儿制作香包的过程不只是动手操作的过程，还是了解中华传统文化、促进社会交往、提升解决问题能力的过程。参与的幼儿也在活动的过程中一次次挑战自我，突破自我，获得了很多的收获与成长。幼儿遇到问题的时候，教师没有直接介入帮助，而是站在一旁观察与倾听，了解幼儿的想法，支持幼儿实践自己的游戏想法，让幼儿成为活动的主人，鼓励他们同伴间相互帮助、相互理解、相互配合，一次次地完善和解决问题。

幼儿的成长离不开自己的勇于尝试，也离不开教师的支持。通过活动，我们发现，以儿童视角开展的活动会更加受幼儿喜爱，幼儿的参与度更高，幼儿能从中收获到更多的知识和新体验，实现身心、认知、交往等多方面的成长。

🌱 阅读思考：

"草药之源"的系列游戏活动来源于幼儿，且回归于幼儿。幼儿在轻松愉快的氛围里，能够了解更多的中草药知识，感受中华医学的魅力与神奇之处。

活动起初，教师及时捕捉幼儿的兴趣，与幼儿一起讨论了银杏果的生长与作用，并识别幼儿当下关注点所蕴含的教育价值。银杏果这一话题引发了幼儿后续对其他植物的好奇与探索，拓展了活动的多元性，激发了更多的可能性。

另外，让我感到惊喜的还有教师对不善于表达的幼儿的关注与支持，放手让其体验自己最擅长、最感兴趣的游戏内容。鼓励个体幼儿在操作体验中尝试解决问题，不断展现自己的优势，使幼儿感受到自己的力量，获得自信。

随着活动的深入开展，幼儿的经验被不断地建立与迁移，生活与游戏完美结合。我深深感受到孩子们向下扎根、向上生长的力量，也更坚定要用心倾听每个儿童的理念，从而多维度支持他们的发展，也让课程活动更贴合孩子们的成长所需。

（王　震）

课程故事十　神奇的汉字

班级：大班　教师：刘天汇

🐟 课程来源：

生活中，孩子们的水杯格、毛巾格、桌子、成长档案中都有自己的名字，孩子们每次都会说："这是我的水杯格，上面写着我的名字""除了我的名字，我还认识好多其他字呢"。结合日常观察，我们分析出本班 27 名幼儿中，有 22 名幼儿能够写出自己的名字，5 名幼儿不会书写。通过与家长沟通，家长表示孩子目前有书写的愿望。在幼小衔接准备中，大班前书写活动对孩子们适应小学生活有着重要的意义。在幼儿兴趣的驱使下，我们在图书角投放小朋友的名字卡片，和孩子们一起寻找汉字的秘密。

课程目标：

1. 能够大胆、清楚、连贯地讲述自己名字及其背后的故事，体会父母对我们的爱与期许。

2. 能利用对汉字独特的理解，绘画出自己的名字。

3. 知道中国人的姓名由姓氏和名字两部分组成，感受姓名文化的意义和乐趣。

4. 感受汉字在生活中无处不在，发现汉字的秘密与魅力，弘扬中国传统文化。

网络图：

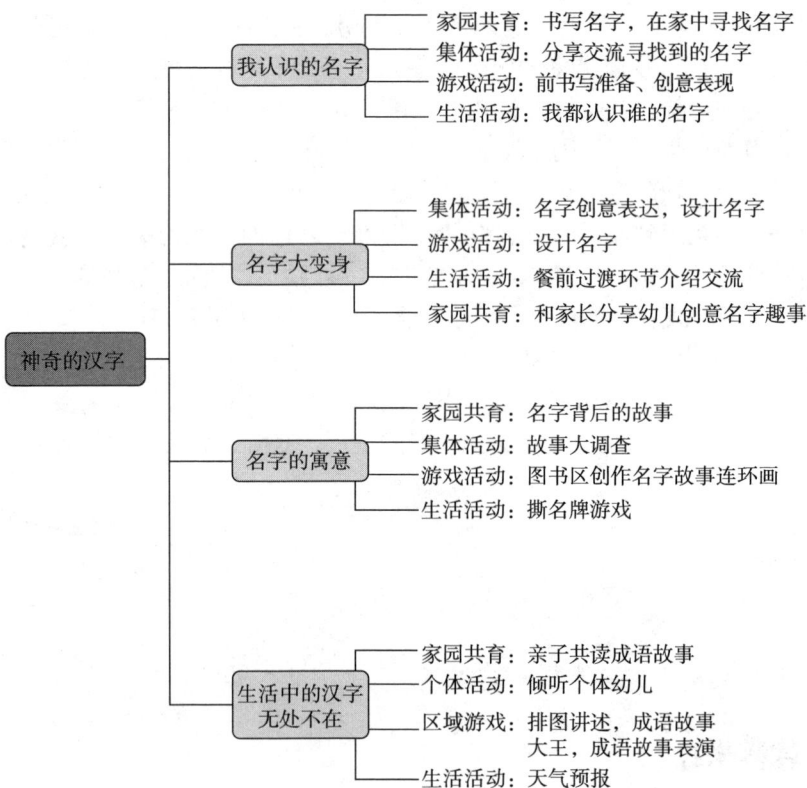

课程纪实：

故事一：找找我的名字在哪儿

孩子们自由进行着名字卡片的游戏。

"我找到我的名字啦，比你快哦！"

"你看，这是我的名字，旁边是我好朋友的名字，太好玩啦。"

"今天我又多认识了几个字呢。"

"子傲的名字里有子，梓睿的名字也有梓，都是子，但是长得好像不一样。"

有一段时间，每天都有小朋友玩找名字的游戏，寻找自己或者好朋友的名字，或者是在固定的时间里，比赛看谁找到的名字最多，看谁发现的同音不同字多。

【教师思考】

名字卡片，让孩子们初步与文字产生互动，也通过这种亲身体验、操作的游戏互动方式，熟悉自己及同伴的名字，直观感受到汉字的不同。

故事二：好朋友的名字该怎么找呢？

一段时间以后，我们发现找名字游戏，从"抢着插卡进区"转变为"很少有人进"。发现这一现象后，基于儿童视角，我们利用马赛克访谈的方式和孩子们展开讨论，让孩子们充分地去表达为什么喜欢，为什么不喜欢。为了让孩子们自由表达，我们采用了多种方式，如同伴间交流、绘画。

从孩子们的表达中，我们分析出喜欢玩找名字的小朋友有15人，原因如下：

1. 愿意与同伴共同挑战有难度的事情，增强趣味性；

2. 找到名字后可以进行自主书写；

3. 能够认识更多的汉字；

4. 发现同音不同字的乐趣；

5. 设计自己的名字，如我的名字什么样？雨字是不是可以用雨滴来表示？

不喜欢玩找名字的小朋友有12人，原因如下：

1. 字太多，太混乱；

2. 不识字，非常有难度，不愿挑战；

3. 找的过程中缺字、不熟悉别人的名字，导致丧失兴趣；

4. 只能找到自己的。

倾听孩子们的声音后，他们提出可以在每个名字后面加上小朋友的学号，这样找自己的名字就很方便，会降低难度；还有的小朋友提出将卡片颜色按照男女生分类，男生用蓝色卡片，女生用粉色卡片，背后可以写学号。于是老师和小朋友一起调整游戏材料。调整材料后，我们发现孩子们的兴趣开始增强，不爱玩的小朋友也来尝试挑战，解决了孩子们之前遇到的识字难题。

【教师思考】

在找名字的游戏中，我们发现人数明显减少，于是利用马赛克方法准确倾听每位幼儿的想法。对于喜欢找名字游戏的小朋友迸发出新的游戏想法，请幼儿利用自己理解的图画、符号形式，去设计自己的名字；对于不喜欢找名字的小朋友，了解到真正原因并且去解决，满足每一位小朋友的需要。基于儿童视角，把解决问题的权力交给孩子们的时候，我发现他们可以通过同伴交流、经验碰撞去解决问题，更看到了孩子们都是有能力、有自信的独立个体。

故事三：名字大变身

小雨绘画着自己的名字（图34），"我叫雨凡。雨，我画了好多小雨滴；凡，我画了一个小朋友心情很烦躁的样子。"小朋友说："这真的很有意思，很好玩。"小朋友们听完后也纷纷说起自己对名字的见解。妮妮说："我叫玉宴。玉呢，就是裕王；宴呢，就是小燕子。"说完笑了起来。一旁的小朋友都开始产生了想法。乐玏说："我叫乐玏，就是两个大笑脸（图35）。"

图34

图35

看着孩子们滔滔不绝的状态，我们开展了"名字大变身"的活动。孩子们都在纸上画出了对自己名字独特的见解，并且主动讲给身边的小朋友听，在晚间离园的时候，还带回家分享给爸爸妈妈。

【教师思考】

一个小朋友带动全班小朋友对汉字产生积极的互动，孩子们都用自己熟悉的图画、符号等去表达对文字的理解和认识，丰富了对汉字的游戏经验，发现了中国汉字的魅力。幼儿在倾听同伴分享时，了解到用图画、符号对同音字进行表现，从而通过图画表征的方式去表达对自己名字独特的理解，激发了对于前书写的兴趣和愿望。

故事四：我的名字到底有什么意义呢？

爸爸妈妈为什么给我们起这个名字呢？我们的名字有哪些含义呢？带着疑问，孩子们与家长之间展开了名字故事大调查的活动。

淇淇：我叫恩淇，恩是要有感恩之心，淇表示水，性格要大方、包容。

朵朵：我叫楚嫣，楚是衣食无忧，嫣是女孩子要正直、与人为善。爸爸妈妈希望我以后做人要正直善良、楚楚动人、巧笑嫣然。……

每个小朋友的名字都是与众不同、独一无二的。在和爸爸妈妈沟通的过程中，他们一起记录下名字背后的故事。

【教师思考】

"名字的故事"让孩子们了解到家长对自己成长之路的期待和希望。当孩子们发现名字背后的故事后，越来越喜欢自己的名字。原来每个小朋友的名字都是独一无二的，都有不同的由来和寓意。孩子们也在不断地交流、分享中提高了语言表达能力。

故事五：生活中的汉字无处不在

孩子们由名字引发了对中国汉字更浓厚的兴趣，再次提出新的问题："汉字这么有意思，到底是哪个大人物发明的呢？"在绘本《仓颉造字》故事中，我们一起寻找答案。爸爸妈妈告诉小朋友，还有很多像仓颉造字的四字词语，虽然它不是成语，但有很多和它一样的小故事，比如守株待兔、掩耳盗铃、狐假虎威等。小朋友们开始利用每晚睡前时间，在班级群中自发分享收集的成语小故事。

【教师思考】

在幼儿分享成语故事的过程中，我们看见了每个独一无二的幼儿。

梓睿，是一名平时比较腼腆的幼儿，他会在家主动让妈妈录制成语故事，在第二天与小朋友分享。在班级群里的成语故事活动中，他也是坚持时间最长的一个，每晚都会和妈妈一起讲故事。

恩琪可以独自拿着《守株待兔》一书看图复述故事，能独立阅读，根据图片说出成语故事中的主要情节和内容。

家园共育丰富了孩子们对汉字认识的经验，孩子们对班级开展的活动兴趣愈发高涨，展现出了坚持、自信、勇敢等良好的学习品质，在语言能力方面获得显著提高。

【倾听班级教师】

每个人的生活都是不一样的，感受也是如此不同。我们的名字，我们每天走过的路，遇到的风景，经过的小店，读过的书都是如此不同，我们需要的鼓励与拥抱也是不一样的，因此孩子们见到的文字，也应该有其独特的意义。大班幼儿的生活经验与阅读经历越丰富，就越能将知识与汉字结合起来。将知识迁移到汉字的过程中，汉字给孩子打开了新的视角，与孩子的内心构建了联系。换一种眼光去看待孩子对文字的兴趣与好奇，也就是换一种角度去审视教师对孩子的教育影响。

【倾听家长】

梓睿妈妈：分享一下梓睿在学成语故事过程中表达上的变化。梓睿是一个非常不自信的孩子，尤其是在表达和沟通方面非常胆怯，在遇到困难的时候几乎不会主动去表达或寻求老师、家长的帮助，为此我们很着急。开展成语故事的活动，我觉得非常好。第一，可以了解故事背后的历史事件。第二，通过对成语故事的阅读与感悟，体会成语故事中的寓意。梓睿每天晚上睡前都会讲成语故事，从开始的时候非常费劲，到现在能讲出成语的大概意思。梓睿现在到家也能分享在幼儿园的趣事，在表达方面也比以前有了很大的进步，为将来上一年级做好了铺垫。

课程反思：

1. 尝试运用马赛克方法，发现幼儿的发现。我们利用马赛克方法尝试去发现幼儿，可以让我们以儿童视角倾听孩子更多的声音，多元地了解孩子们内心的想法。比如在孩子们遇到问题时，能够利用访谈法，给孩子们提供交流讨论的机会解决问题；当一个孩子有新的游戏想法时，鼓励他成为儿童会议的组织者，成为小主持人，将游戏想法、过程进行分享，带动班级幼儿分享自己的小故事，激发更多的活动兴趣。

2. 看到孩子们的兴趣与发展，以深入学习带动整体发展。活动来源于孩子们的生活。教师能够及时捕捉孩子们对自己名字的兴趣，通过一对一倾听分析每一个孩子的需要。在持续深入学习的过程中，我们发现孩子才是游戏的主人，在生成的每一个活动中，他们都有自己的想法，在情感、经验、语言等多个维度获得最优发展。

3. 家园同携手，合力促发展。《纲要》中指出：家庭是幼儿园重要的合作伙伴，应本着尊重、平等、合作的原则，争取家长的理解、支持和主动参与，并积极支持、帮助家长提高教育能力。在开展活动的过程中，发现幼儿的兴趣，以幼儿为桥梁向家长传递班级图书区活动，同时在微信群中分享活动的教育价值。家长积极、主动参与，和幼儿讨论名字背后的故事。每位家长都看到了孩子的成长与收获。孩子们用自己独特的方式参与其中，学习品质和能力都得到了很好的提高。

4. 通过前书写、前识字的快乐体验，助力幼小衔接。幼小衔接是学习兴趣、学习习惯和社会适应能力等衔接。由"名字"引发对"中国汉字"的兴趣，幼儿通过不同的方式表达对汉字的认识。活动可以培养、保护、激发幼儿对书写的兴趣，丰富幼儿前书写、前识字经验，为进入小学做充分的准备，为幼小衔接夯实基础。

5. 弘扬文化自信，传承汉字之美。中华民族是一个有着五千年历史的古老民族，拥有璀璨的文化。每一个中国人都应该了解、传承汉字。通过参与"神奇的汉字"活动，幼儿感受到中国汉字文化的博大精深。本次活动可以坚定文化自信，将传统文化融入幼儿生活，扎根幼儿心灵。

阅读思考：

孩子们在班级群里自发开展的成语故事活动，一方面，让我看到了每个独特的幼儿，他们在阅读习惯、阅读理解和策略的运用、阅读内容的表达上有自己的特点和进程，老师们理解和尊重每位幼儿发展的个别差异，家园协同、因材施教，支持他们从原有水平向更高水平发展。另一方面，我看到了班级共同体的氛围和文化，孩子们成为班集体的贡献者，大家互相促进，共享成语故事。

汉字传承着中华民族的文化基因，它不仅是语言的载体，更是中华文明的缩影。教师利用多种倾听方式了解幼儿的想法需求，在分析幼儿原有经验的基础上，循序渐进地和幼儿一起开启了有趣而神秘的汉字探索之旅。

每个孩子经验建构的速度不同，多样化的活动内容更能适应不同孩子的发展需求。在今后的实践中，我们继续尝试运用多元化的方法倾听幼儿，尊重幼儿发展规律，关注幼儿的主动学习。

（余　燕　邢　菲）

课程故事十一　我的心愿

班级：大班　教师：王　琨

课程来源：

日常生活中，幼儿会和老师交流他们喜欢和想做的事情。近期，意识到自己就要毕业了，幼儿表达出对幼儿园有很多不舍，有些是情感上的依恋，有些是自己还没在幼儿园尝试过的事。基于孩子们的表达和需要，我们开展了课程活动"我的心愿"，孩子们可以利用在幼儿园最后的时光去完成他们想做的事。他们把心愿列成愿望清单，开心地和老师小朋友分享。我们也鼓励和支持幼儿按照自己的想法去完成心愿。

课程目标：

1. 关注自己内心的想法，愿意大胆表达自己的真实感受。
2. 能够认真倾听，愿意参与集体话题讨论。
3. 乐于思考敢于挑战，遇到困难时能够坚持，主动想办法解决问题。
4. 能够吸引同伴一起游戏，与同伴游戏时能够分工合作。

网络图：

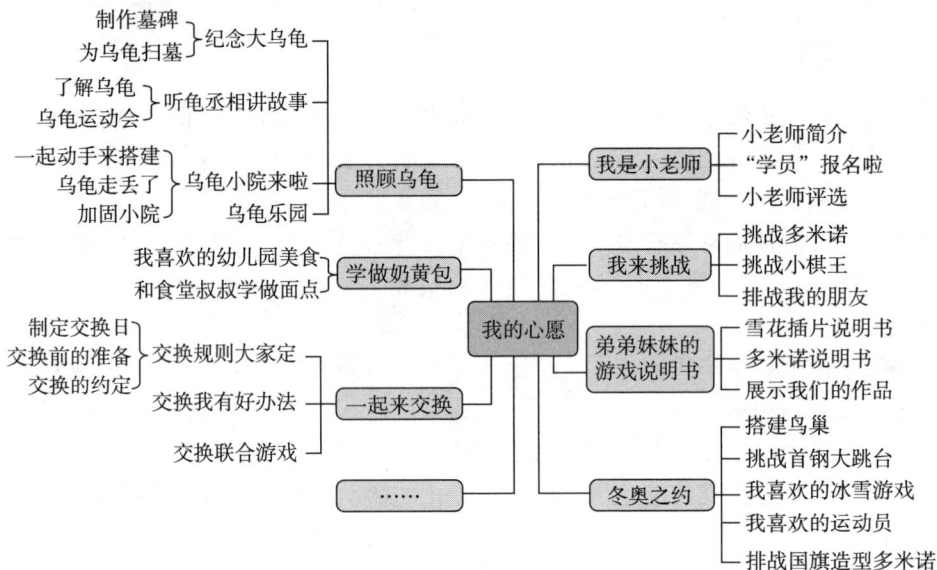

课程纪实：

心愿一：照顾乌龟

寒假时，班里的一只乌龟死了，当时孩子们正在放假，我们用美篇的方式传达了这个消息。开学后，乌龟去世的话题引发了孩子更多的思考和探索。

故事一：纪念小乌龟

开学后，孩子们就着急地询问乌龟的情况。当时埋葬乌龟后用了块石头压在上面，没想到开学打扫卫生，石头被挪动了，孩子们好不容易才找到埋葬乌龟的地点。孩子们害怕以后再找不到，就萌生了为乌龟制作墓碑的心愿。做完墓碑，更多的孩子开始关注纪念活动，他们捏了一些乌龟曾经爱吃的东西放在它的墓碑前。孩子们在经过花池时，会时不时地去乌龟墓前看一看。

【倾听幼儿】

一次户外游戏时，七七喊：小乌龟的墓碑都脏了。

附近的小朋友都围过来，说：最近下雨，上面都是泥。给它擦擦吧。

美淇：这不能擦，超轻泥会被碰掉。

小雪：老师，我能把墓碑先拔下来吗？我用水冲干净了再拿回来。

教师：可以啊，小乌龟要是知道你们在帮它扫墓，应该也会高兴的。

就这样，在清明节前，孩子们打扫了墓碑，又制作了小鱼小虾纪念小乌龟。扫完墓，圆圆还念念有词地说：小乌龟，你可要保佑我们现在的乌龟别生病呀。

【教师思考】

乌龟的去世引发了孩子们对班级现有乌龟的关注，他们更加细心地照顾剩余的乌龟。"老师，小乌龟需要做运动，锻炼身体，才能不生病。"听到孩子们各种各样的表达，我知道盲目的爱不一定适合乌龟，于是投放了一些有关乌龟的百科图书，也鼓励孩子们搜集关于乌龟的资料。我积极地和家长展开沟通，家长们得知了班级活动，都纷纷献计献策。

故事二：家园齐参与——听龟丞相讲故事

经过与乌龟的离别，孩子们有了深刻的情感体验，主动要求了解更多饲养乌龟的方法，希望剩下的乌龟都能健健康康的。家长们也很支持孩子们想要了解乌龟的愿望，积极地和孩子们搜集了许多关于乌龟的资料。有的小朋友拿来了家里的动物百科全书；有的家长将自己养乌龟的经验与方法分享给孩子们；还有的家长在思考如何把乌龟的知识以孩子能够接受的方式传达给他们。

【倾听家长】

一个周末，我接到圆圆爸爸的电话："老师，我听孩子说咱们班养了草龟、巴西龟和地图龟。我也收集了许多有关乌龟的信息。我想录制一个视频，我扮演龟丞相，来给孩子们讲一讲乌龟的知识。您看行吗？"我一边感谢圆圆爸爸的大力支持，一边开始帮他梳理故事情节和内容。有些内容过于学科化又距离孩子生活太远，我们在讨论后达成一致，保留了孩子们能够理解的内容，调整了语言的趣味性和直观性。最后，圆圆爸爸找了专业场地，为孩子们录制了视频"听龟丞相讲故事"。通过家长一个小小的举动，能够看出他们开始在教育过程中有意识地思考教育方法的适宜性。

【教师思考】

看到圆圆爸爸发过来他搜集的二十几页的乌龟科普文档，我们特别感动，一是感动于家长的认真付出与积极参与，二是感动于家长在教育过程中的思考与转变。家园共育的基础是家长的理解，当孩子有求知的渴望时，家长是能够切实感受到的。也正是孩子真实的兴趣让家长感受到活动对孩子发展的价值，理解活动对幼儿成长的作用，才能更积极主动地参与到共育中来。

故事三：为乌龟搭建小院

孩子们通过各种途径了解乌龟后，知道了草龟属于水陆两栖龟，不能整天泡在水里，于是提出把乌龟从缸里拿出来散步的想法。3月，天气还冷，大家决定在教室里给乌龟创设散步的环境。为了避免乌龟散步时被踩到或是爬到床和柜子下面发生危险，他们利用教室现有的材料为乌龟搭建了安全围栏。乌龟进到宽敞的围栏里后，问题出现了：有的围栏太矮，乌龟爬出去了；有的围栏材料太轻，被乌龟推倒了；有的围栏是拼接成的，直接被乌龟挤出一个大裂缝……这又引发了孩子们的思考：什么样的材料适合做围栏？围栏要做成什么样的才结实？这些经验都为后续幼儿在户外为乌龟搭建小院奠定了基础。

天气转暖后，孩子们开始迫不及待地寻找材料为乌龟在户外搭建小院。孩子们在此过程中有了分工与合作，有的孩子负责找材料，有的孩子负责搭建。一个真正属于乌龟的户外小院初具雏形。

故事四：送给乌龟的乐园

孩子们为乌龟搭建好户外小院后，小院里的陈设也越来越丰富。一次，孩子们在小院里放了一个塑料筐，他们惊喜地发现，乌龟居然还能顺着塑料筐的孔爬高，他们觉得应该给乌龟搭建一个更有意思的乐园。对于这个乐园的规模，他们期望很高，希望乌龟不仅要有居住舒适的别墅，要有可以娱乐和锻炼的树屋，而且要有可以欣赏的自然风景……

【倾听幼儿】

"我们做个假山吧。"圆圆说。

"好啊，就像真正的大自然一样。"七七说。

"这个主意不错，可以把咱们的植物搬出来，也挺好看的。"嘟嘟说。

孩子们把自己的想法记录在乐园的设计图里。"我来做树屋，可以照着咱们后院的树屋做。你做什么呢？"豆包问。

"那我做别墅吧。"栋栋说。孩子们自主进行分工。

【教师思考】

为了全力支持孩子的想法，在寻找材料的过程中，教师给予幼儿足够的空间和信任，发挥他们的主动性，还整合了幼儿园和家庭等资源。圆圆在保安叔叔的传达室里找到了报纸。豆包选择了安装墙面背板剩余的毛毡。毛毡有一定的硬度不好剪裁，让教师特别惊喜的是，孩子把需要的所有材料像拆解零件一样，分开画在了毛毡上，俨然一幅建筑设计图。

故事五：乌龟乐园的小栅栏

乌龟乐园的规模越来越大，材料越来越多，引发了更多小朋友的关注。孩子们看到什么都会联想到乌龟乐园的创建上。一天，小象看到一堆树枝说："老师，这些树枝可以给乌龟乐园做栅栏。"

【倾听幼儿】

"这个木条太长了，栅栏用不了这么长，弄短点儿吧。"怎么弄短？孩子们试了剪刀、用脚踩都不行。

默默说："这个得用锯。我爸工具箱里有，只有锯才能锯断。"上哪儿去找锯呢？孩子们犯了难。

"我知道，"栋栋大喊道，"唐爷爷有锯，我看他锯过花池里的小树枝！"孩子们赶快去找唐爷爷，一刻也不想耽搁。锯是找到了，但孩子从来没用过锯。行吗？我有些担心。

看着孩子们跃跃欲试的样子，我非常犹豫，担心出现安全问题。孩子们却说："放心老师，我们能自己弄。"

孩子们开始锯木棍。一只手拿棍，一只手拿锯，木棍扶不住老是来回滚，栋栋有点着急，抬头对同伴说："七七，帮我扶着点儿。"

渐渐地，孩子们想出了许多扶木棍的方法：有的在下面垫一根木棍，手在上面按着更舒服；有的直接用脚踩着。男孩子给人一种可靠的男子汉的感觉。女孩子也不示弱，美淇帮助别墅组在纸箱上开好窗户后，走过来说："你累不累，歇会儿，我替你锯。"人多力量大，不一会儿就锯出了许多木条。

有了木棍，栅栏就能做好了吗？没那么简单。在制作栅栏的过程中，孩子们面临一个又一个问题。例如，怎么把它们组装成栅栏呢？他们想到了固定履带的材料——毛根。在操作的过程中，他们也在探索怎么绑才结实，边做边总结好方法。又如，栅栏有了，怎么让它立起来呢？孩子们迁移美工游戏中的制作经验，默默在栅栏底下加泥的方法加大了栅栏与地面的接触面，小象把一些方块泡沫插在了栅栏底部。栅栏成功立了起来。

别墅组的小朋友考虑到乌龟的房子有点儿黑，萌生了给房子装电灯的想法。他们调动游戏经验，想到了班里的电路玩具，就在别墅顶端掏洞，安装电路组，让乌龟的别墅里有了电灯和电扇。

【教师思考】

在与乌龟共处的日子里，孩子们了解了乌龟的生活习性，能够用科学的方法饲养乌龟，养成了一定的责任感。在完成照顾乌龟的心愿中，孩子们树立了自信，获得了成就感，养成了做事的计划性和任务意识，增进了友谊，体验到合作的意义——人多力量大，也感受到分工的重要性——高效、快速。孩子们这个过程中享受着人和动物和谐相处的快乐。就像"龟丞相"所说的，保护动物、爱护自然才是保护人类自己最好的方法。

心愿二：冬奥之约

冬奥活动来源于孩子们的搭建兴趣。他们喜欢外形奇特的建筑，于是想要挑战搭建鸟巢。慢慢地，他们的关注点从鸟巢、大跳台等建筑延伸到冬奥、冬季运动、运动员等内容。孩子们结合自己对冬奥的兴趣，开展了属于自己的独特游戏。

故事一：我想挑战搭建鸟巢

孩子们在铺设鸟巢底部时，在拐角处使用弧形积木来展现鸟巢的椭圆外形。他们还通过使用扇形小积木填充的方式补齐了拐角处的空隙。在铺设地面的过程中，孩子们不断地比较，灵活地运用二倍、四倍积木，把底部铺平整。最下面使用了一圈柱子作为支撑，上面用薄板积木斜搭，体现建筑外墙的效果（图36）。

图 36

【教师思考】

在搭建过程中，孩子们面临的挑战很多，他们借助同伴互助，解决了一个又一个问题。

1. 没搭多高就倒了。

解决方法：调整积木的使用顺序，厚重的积木放在下面，轻薄的积木放在上面。

2. 倾斜的长条积木有时会往下滑。

解决方法：在长条积木下面加垫小积木，改变倾斜角度，阻止积木下滑。

3. 搭到最后，柱子不够用。

解决方法：通过问题"如何节约积木，用最少的柱子搭？""两块板子，最少能用几个柱子架起来？"引发幼儿思考，调整使用支撑柱的数量。

故事二：关于冬奥我知道

随着搭建的推进，孩子们开始围绕鸟巢建筑谈论起自己感兴趣的话题。

【倾听幼儿】

"鸟巢是 2008 年北京举办奥运会时建造的，是运动员比赛的地方。"艺星说。

"你们知道明年北京还要承办一次大型的奥运活动是什么吗？"我问。孩子们都知道是冬奥会。

"冬奥会比的都是滑雪滑冰这些冬天的运动。"天天说。

"我知道，我参观过首钢大跳台。"艺星说。"冬奥会的单板滑雪在首钢大跳台比赛。"于是，接下来的日子里，孩子们对搭建首钢大跳台产生了浓厚的兴趣。

故事三：我们喜爱的冰雪运动和运动员

跳台搭建成功后，孩子们都希望能够有运动员来跳台上比赛，他们请好朋友手工制作一些运动员。要做哪些运动员呢？孩子们有自己的喜好。

【倾听幼儿】

"我喜欢女排，我经常和我妈妈看女排的比赛。她们经常拿冠军，很棒。"吉祥说。

"我喜欢武大靖，他打破了世界纪录。"圆圆说。

"我喜欢王濛，她实力很强。"美淇说。

听到孩子们的对话，我提供了很多运动员比赛的视频，和孩子们讨论运动员的话题。孩子们也了解到运动员训练很辛苦，优秀的成绩是通过艰苦的训练换来的。结合自己平时比赛的经验，大家纷纷表达自己的想法："我参加接力跑的时候特别紧张，因为我旁边是添添，他跑得太快了。"马仔说。"我接力赛的时候一定会使劲跑的，因为我想让我们队获胜。"盼盼说。"每队只有所有小朋友都用力跑，才能得第一。"波妞说。他们也能换位思考，体会运动员比赛时的心情。他们更加崇拜这些运动员，也进一步了解了运动精神，在游戏时会主动制作自己喜欢的运动员。通过欣赏视频，孩子们还对运动员高举国旗的场面非常感兴趣，后续他们又开始使用他们喜欢的玩具——多米诺，挑战拼摆国旗的图案，在一次次尝试中解决了许多问题，最终挑战成功。

【教师思考】

不论是搭建鸟巢、大跳台，还是制作冰雪运动员和拼摆国旗图案多米诺，孩子们都在用自己的行动实现着他们的心愿。这个过程让我看到了他们是有能力的学习者，是游戏的主导者。他们的想法令我惊喜，同时，他们遇到困难不轻易放弃的精神令我骄傲，不论是自己遇到的困难还是小组遇到的困难，他们都愿意通过自己的尝试来调整、改善，从而获得更好的结果。这正是幼儿社会性发展的重要一环。我相信，今后走进小学，走进新的集体，他们也能够通过思考、语言交流、分工合作来解决各种问题。

🐝 课程反思：

"我的心愿"是基于我对幼儿的观察和对幼儿视角的理解：孩子真正感兴趣的是什么？真实需要是什么？孩子们关心的事情有哪些……在不断转变自己视角的同时，理解孩子，接纳他们的想法，相信他们有能力实现自己的想法，这些转变促使活动不断深入。通过活动，孩子们在生活中更加积极主动，成为游戏的主人、班级的主人，逐渐形成独立的人格，提升了表达能力、交往能力，积累了解决问题的经验，体现了大班活动化的共同学习。我也针对幼儿的不同性格，运用一对一倾听、学习故事、成长册和个性化沟通等多种手段，建立幼幼、师幼、家幼间的情感交融，形成"三位一体"协同发展的教育机制。

最让我感动的是，在活动最后，我和孩子们一起回顾自己完成心愿的经历时，孩子们看着自己厚厚的游戏计划本，对我说："老师，我觉得做事能够成功就是要坚持不懈。"这是大班孩子的亲身感受，不也正是人生的真谛么！

💡 管理思考：

日常生活中您有什么样的心愿？实现自己的心愿是一个什么样的过程？您有什么样的体会？成人的心愿和孩子的心愿，实现过程有什么不同呢？从王琨老师的故事中，我们一起来感悟大二班孩子们的心愿。

照顾乌龟的心愿由一只小乌龟去世开始，纪念小乌龟——乌龟小博士（家园共育了解小乌龟）——搭建小院供乌龟散步——搭建乌龟乐园……就这样，乌龟和孩子们建立了联结，成了重要的课程资源，开启了孩子们美好的心愿旅程之一。孩子们在实现让小乌龟更好地和我们生活在一起的心愿时，不断萌发新的问题、新的想法，进行新的尝试，源源不断生发新的课程。这不禁引发我们进行心灵深处的思考。

第一，我们在努力践行着"一日生活皆课程""游戏是儿童的生命"这些理念。通过王琨老师的这篇故事，我们似乎明确了一些好的活动应该有的特质：孩子的兴趣是真兴趣，是可持续的兴趣；孩子们更加关注过程，过程也更有不确定性；孩子们的活动可以是个体的，也可以是小组的，还可以互相转换，同时进行集体智慧的经验共享；我们能倾听儿童的心声，看见儿童的学习，助推儿童的发展；整个过程中，孩子们是自由、自主、投入、充满创造性的状态。

第二，我们倡导每一位教师要做会讲孩子故事、会讲我们自己的故事的人。其实我们就已经在做研究了，做非常珍贵的叙事研究，也是一种质性研究。故事是一种叙事、一种反思，它可能有不足和遗憾，但这是我们"安·美"文化引领下基于儿童视角的生活美育课程追求的本质——求真、尚善、崇美，在生活中感受、创造美。

第三，我们要构建什么样的生活美育课程？儿童视角下的生活美育课程赋予我们好奇、心动、创造、美好和成长，我们的生活美育也充满吸引力，充满了惊喜。在生活美育课程的研究和滋养下，愿我们成为爱生活、"慧"生活的老师，成为创美好、享美好的老师，愿孩子们成为幸运的人，过他们心中美的生活。愿我们和孩子一起同生共长，迎接美好！

（余　燕）

课程故事十二　墨香墨趣，走近《清明上河图》

班级：大班　教师：王　佳　赵浩池　曹景然　隗晓娜

课程来源：

孩子们升入大班后，发现了新材料——水墨。它引发了孩子们的讨论："我画过水墨画。""我喜欢墨的香气。"于是，我们从墨香出发，与幼儿共同探索发现墨的奥秘，感受中国传统艺术水墨的表现形式。

日常生活中，孩子们会把自己喜欢的水墨作品带到班级中分享。有的孩子在班级中发现了图画书《清明上河图》，在阅读的过程中产生了不同的问题，有的小朋友说："这幅清明上河图也是水墨画吗？""它的颜色为什么是棕色？""这幅清明上河图好长啊！"追随孩子们的兴趣，我们一起走近《清明上河图》，去探索发现《清明上河图》中的秘密。

课程目标：

1. 喜欢中国传统艺术表现形式水墨画，乐于体验水墨，感受使用水墨创作的乐趣。

2. 感受中国传统文化的魅力，了解中国的古代文化，萌生热爱祖国的情感。

3. 敢于探索水墨的奥秘，通过操作、欣赏、体验，建立自己的审美情趣。

4. 能够使用不同的表现手法进行艺术创作，表达自己的感受与想法。

网络图：

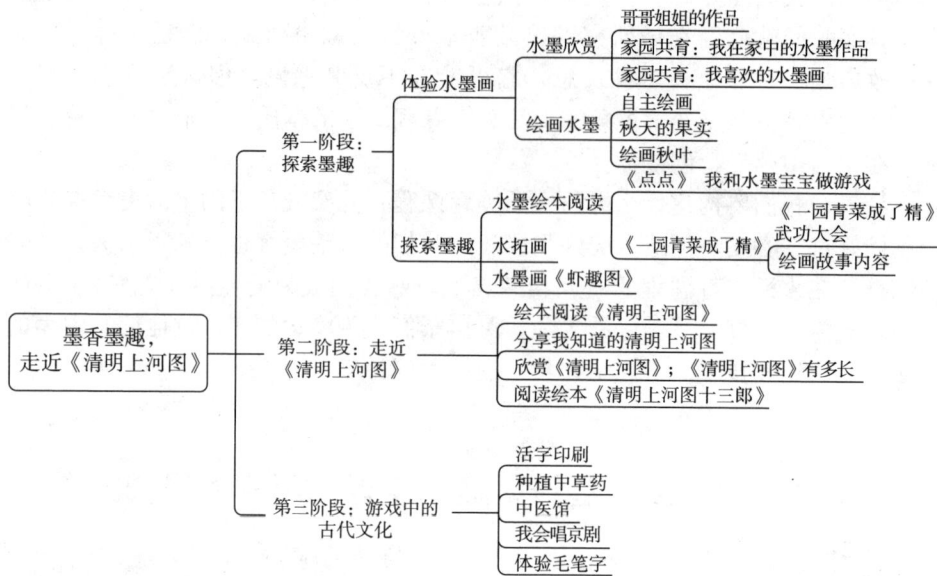

课程纪实：

故事一： 发现水墨材料

进入大班的第一天，孩子们带着好奇心，探索发现班级的每一个角落。有几个小朋友来到了美工区，指着柜子中的水墨材料发起疑问。

【倾听幼儿】

幼1：这个是什么？

幼2：这个是水墨，画水墨画用的。

这时，周围的小朋友都围了过来，讨论起了关于水墨的话题。

幼3：我画过水墨画，我家里有好多的作品呢！

幼4：我知道墨，这个墨汁还能写字。

幼5：这个是毛笔，毛笔还分大毛和小毛。

有的小朋友看到墙上张贴的哥哥姐姐们留下来的作品。

幼6：这些也是水墨画吗？

幼7：老师，我能把家里的作品带过来吗？我想和小朋友们分享。

幼8：我也想把我的作品带过来，我家里也有好多我画的水墨作品。

教师：非常欢迎你们把作品带给我们来欣赏哦，小朋友一定会很喜欢的。

【班级共同体思考】

在新的环境中，孩子们对水墨材料产生了好奇，有的不太熟悉，有的结合自己在家绘画水墨的经验讲解着自己对于水墨的认识。基于孩子们想要把自己的水墨作品分享给小朋友们的愿望，我们开展了水墨作品欣赏活动。

故事二：我们一起欣赏水墨作品

为了更好地满足孩子们想将自己的水墨作品带到班级中分享的愿望，我们利用过渡环节欣赏小朋友从家中带来的水墨作品。在欣赏的过程中，孩子们也表达了自己的感受。

【倾听幼儿】

幼1：你的作品好漂亮啊。

幼2：我喜欢你这幅作品，我觉得你的花朵画得很鲜艳！

幼3：那个浅浅的棕色是什么？怎么画出来的？都是用毛笔画的吗？

幼4：我之前也画过水墨画，我也把它带来。

幼5：我的作品放到哪里呢？

教师：你想放到哪里呢？

幼6：我想把它贴到咱们班的墙上展示。

小朋友们将带来的作品变成了班级的水墨展（图37）。

图 37

【班级共同体思考】

本次活动满足了幼儿想要分享展示作品的愿望，对于不了解水墨的幼儿，帮助他们建立了对水墨的基本认识，感受到水墨作品有深浅、颜色等不同的变化，了解到绘画水墨画需要运用毛笔、宣纸等，激发了想要尝试绘画的愿望。后续幼儿充分体验尝试，在操作中感受水墨的特点与变化，增加对中国传统文化的认识与了解，喜欢尝试运用水墨的艺术表现形式来表达自己的所思所想。

故事三：画一画

孩子们对水墨作画的兴趣越来越高涨，很多小朋友都想要试一试，有的想要绘画秋天的落叶，有的想要绘画秋天发现的果实等。孩子们大胆尝试毛笔与水墨产生的艺术，过程中遇到了不同的问题，也在不断地寻找解决问题的方法，积累使用水墨创作的经验。

幼儿作品：初期尝试（一）

【作品分析】

幼儿喜欢运用毛笔进行大面积的涂色（图38），运用色块表达自己绘画的内容，感受、体验毛笔的笔触及水墨颜料画在宣纸上的触感与变化。在此过程中，幼儿初步感知毛笔的笔毛软及墨与水之间调和的变化。接下来，需进一步感知墨的浓淡变化及毛笔笔锋的运用。

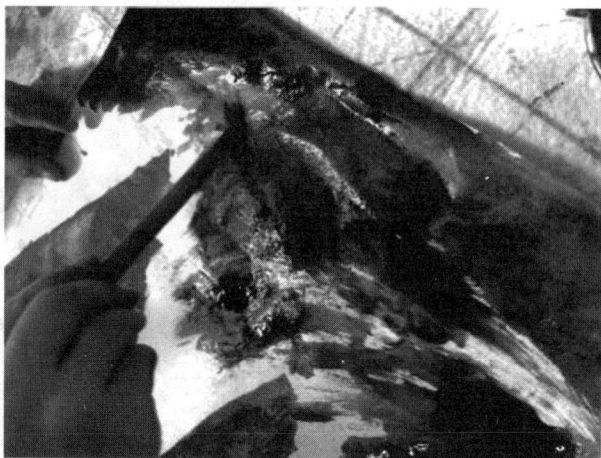

图38

幼儿作品：初期尝试（二）

【作品分析】

这一阶段，孩子们尝试运用线条、色块的组合绘画生活的场景与喜欢的物品（图39，图40），比如使用线条表现植物的枝干，人物、物体的轮廓，能够较好地控制毛笔的笔锋来绘画线条与大面积的色块，并在绘画过程中感受墨与墨之间的晕染变化。

图 39

图 40

【教师思考】

孩子们对水墨绘画材料进行了充分的体验与感知，建立了对水墨绘画材料、绘画方法、绘画特点的初步认识。

故事四：初见《清明上河图》

通过自主体验水墨画，孩子们在生活中不断寻找水墨画的身影，并进行分享。有的小朋友发现了图画书《清明上河图》，对画面产生了好奇，引发了讨论……

幼 1：这个也是用水墨画的吗？

幼 2：我知道这幅画叫《清明上河图》。

幼 3：这幅画为什么看着人物都这么小？

幼 4：为什么画的颜色是棕色？

【教师思考】

《清明上河图》是宋代非常具有代表性的一幅作品，里面记录了宋代时期人们的生活情景，同样运用水墨进行绘画，以线条为主要的艺术表现形式，画面内容刻画细致详细。通过欣赏画面内容，孩子们认识了解了古时候人们生活的场景。在感受宋代水墨绘画作品特点的同时，感受中国传统的民间生活，产生了热爱祖国、热爱中国传统文化的情感。

故事五：《清明上河图》有多长？

在《清明上河图》的欣赏活动中，孩子们看到了画面中的树木、船只、茅草屋、河流、动物、建筑等，对画面及古时候的生活产生了好奇，比如，为什么画面的颜色是棕色的？画的地点是哪里？《清明上河图》有多长？……带着好奇，孩子们开始想办法测量《清明上河图》（图 41）。他们大胆选择自己想要尝试的测量工具，寻找测量的好方法，比如，测量要从头量到尾，测量物要紧紧挨在一起，测量物的长度要统一，这样才会更加准确。

图 41

【教师思考】

追随孩子的兴趣与声音，我们生成了测量活动。孩子们大胆选择自己想要尝试的测量工具，在不断地寻找、尝试中初步感知自然测量。从美术欣赏活动延伸到数学测量活动，在美育活动的带领下，延展多领域的活动，促进幼儿多领域能力的发展。

故事六：游戏中的古代文化之毛笔字体验

孩子们了解到墨不光可以用来画画，还可以用来书写毛笔字，因为古时候人们都是用毛笔写字的。班级运用马赛克观察法、儿童会议等方法，了解到孩子们的想法与需要，进行了如下支持：有的孩子提到想要用小毛笔写字，就提供大小不同的毛笔；有的小朋友说自己在写字的过程中会出现写着写着没有地儿的情况，于是我们丰富了不同大小的纸张。

【教师思考】

通过书写毛笔字的游戏，孩子们在书写活动中积累了许多前书写的经验，如控笔能力、对汉字结构的认识、尝试用图文符号等代替不会书写的文字。孩子们开始喜欢运用前书写的形式表达自己的想法。

课程反思：

1. 追随幼儿兴趣，运用多种方式观察倾听幼儿，推动活动深入开展。从孩子们最初对水墨材料的好奇与兴趣出发，我们利用马赛克小组会议、幼儿拍照、观察等方法去倾听了解幼儿的兴趣与想法。

2. 了解中国传统文化，感受水墨画特有的艺术表现形式。通过欣赏《清明上河图》，感受古代生活的风土民情，感受中国传统文化。水墨的绘画方式也深受幼儿喜欢，他们喜欢运用水墨来进行创作，表达自己的所思所想。在不断的尝试中，孩子们逐渐感受到墨分五色，对水墨的绘画特点有了一定的感知，了解了水墨浓淡的变化、绘画纸张的区别等。

3. 在活动中，幼儿养成良好的学习品质。我们看到幼儿表现出良好的学习品质，如专注力、自主、细致观察、劳动意识、服务他人的意识、与他人共享资源、分享、合作、坚持等。例如，在绘画中发现自己不小心画错了，也没有关系，可以发挥自己的想象力美化作品，也会让作品产生有趣的画面；绘画结束后，自主收拾水墨材料；与同伴合作、持续性地完成一幅画面等。

🌱 阅读思考：

水墨画作为国画的一个分支，它的表现形式自由，注重意境的表现，相比于国画中的其他分支，更加适合幼儿园的小朋友进行游戏化的探索与创造。在整个活动中，教师能够追随幼儿的兴趣，跳出水墨活动的固有模式，加入图画书、水拓画、名画故事、不同风格的作品欣赏等活动形式，让水墨活动更加生动有趣，使幼儿始终对水墨活动有兴趣。

中国的传统文化不只有水墨，教师能够跟随幼儿的眼睛去发现，将《清明上河图》中的中国传统游戏、文化融入幼儿的游戏生活；支持幼儿了解了中国的书法，感受到书写毛笔字的有趣；结合自然角开启中医馆的活动，收集、种植不同的药材；更发现了活字印刷术的玩具材料。

教师能够在关注整体幼儿学习兴趣的同时，关注个体幼儿，使对自己的作品不自信的幼儿依然愿意坚持水墨创作，直到最终创作出一幅自己满意的作品，成功建立艺术自信。

（宋方昕）

看到这篇大班的优秀案例，我有很大的感触和收获，案例中的活动来源、设计、目标等非常符合大班幼儿的年龄特点，孩子的语言、行动是那么的纯真可爱。这些都能让我充分感受到王老师在这一学期中与孩子共同进步、共同收获，同时感受到孩子在这一学期丰富多彩的活动中得到了真正的发展与成长。

幼儿通过绘画与体验，慢慢了解水墨画的材料、纹理、表现形式，感受中国传统文化的魅力，最重要的是将其运用在生活中，获得民族自豪感和归属感，这也是我们的责任。

（梁宇禄）

第二节　儿童视角的幼儿园生活美育案例

案例一　我眼中的花

班级：小班　教师：李雨晴

案例背景：

《指南》中指出：艺术是人类感受美、表现美和创造美的重要形式，在美术创作活动中，幼儿可以按照自己的兴趣和意愿进行材料的选择和内容的制定，并按照自己喜欢的形式进行表达。随着天气逐渐变暖，小班幼儿开始关注到大自然的变化，对美好的事物充满了喜爱和向往，孩子们发现幼儿园里逐渐盛开的小花，对其形态和颜色尤为感兴趣，喜欢用"美丽的小花""五颜六色的花""我爱小花"等语言来表达对花的喜爱。于是顺应幼儿兴趣，我们开始了"我眼中的小花"的创作。

案例过程：

一、数字花

【倾听幼儿】

遥遥：老师看，这是我捏的数字花。我喜欢3，所以我捏了三朵花。

教师：原来这个就是你说的数字花啊，太好看了。

遥遥：我这个花瓣是深蓝色和浅蓝色的，你都没发现吧。

教师：哇，真的是一个深蓝一个浅蓝，我从来没有见过这么好看的花。

遥遥：等我再捏一个送给你。

【教师分析】

活动开始时，遥遥说要捏一朵数字花，我很好奇，以为他只是说说而已。当真的看到他的作品时，我很惊讶。他的作品上除了三朵小花，还用泥捏了数字0、1、3，我问他为什么没有2，他说打算再捏两朵小花代表2。在他的心里，一朵小花代表1，三朵小花就代表数字3，数字花是这个含义。可以看到遥遥具有数字概念，能将数与量进行对应。他还用两种不同的蓝色来装饰自己的小花，用白色泥做花心，对于颜色搭配有自己的想法并且有规律可循，在美术创作中有自己的想法。通过和班级老师沟通，我了解到遥遥平时不是很愿意表达自己的感受，但是在当天的活动中，遥遥特别主动地介绍自己的小花，由此可见，遥遥对捏小花非常感兴趣，而且特别投入，一直坚持完成自己的作品。

二、我是小花朵的妈妈

【倾听幼儿】

教师：满满，你的小手真厉害，能搓小长条。这个像小桥一样的粉色小条是叶子吗？

满满：不是啊，这个是小花的围栏，我怕小朋友玩的时候不小心踩到它，所以我做了一个围栏保护它。

教师：你太棒了，你用小手搓了这么多小长条是为了做围栏。这个小围栏一定可以保护好你的小花，做你的小花真幸福。

【教师分析】

满满的手指很灵活，她捏小花的时候非常仔细，能够用揉圆、搓条的方法来制作。因为小栅栏是立体的并不好做，她一直在不断地尝试，并坚持完成。让我很感动的是，满满非常有爱心，在她的心中，每一朵小花都倾注了她所有的爱。

三、会魔术的小花

【倾听幼儿】

筠筠：李老师，你看我的小花好看吗？

教师：好看，你愿意介绍一下吗？

筠筠：我捏了粉色小花和红色小花，花心是黄色的，还有绿色的小叶子。

教师：你一下子就变出来三朵小花，你怎么做的啊？我学学。

筠筠：我先做了一个花心，然后就拿红色的泥围着它按，这样小花就不会掉下来了。

教师：原来是这样，你的方法真是又快又好。你的花心怎么按得这么圆啊？

筠筠：哈哈，我是先拿一块黄色的泥，然后在手心里转转转，等它变成一个小圆球再按下去。

【教师分析】

筠筠的小花非常有特点，在她眼中，小花是五颜六色的，所以她先捏一个花心，然后选择不同的颜色制作花瓣，用小手将花瓣围在花心的外面，再一点一点地调整形态。观察细致的她还给小花添上了小叶子。筠筠的动手能力很强，也有自己的制作方法。她还主动和大家分享自己的制作方法和创作的快乐。筠筠就像她捏的彩色小花一样，是一个充满自信、阳光的小女孩，她拉着我的手说："李老师，我下回还要找你来玩。"

案例反思：

美术活动的开展要契合小班幼儿的年龄特点，同时也离不开对班级幼儿的了解。那么应如何准确地了解班级幼儿的兴趣和水平呢？

1. 观察幼儿的活动状态和操作情况。在美术活动中，要细心观察幼儿的操作过程，如操作过程中是否有兴趣，如何使用泥工材料，幼儿想做什么花，遇到了哪些困难等一系列信息。当获取了这些信息，便可以在活动中进行针对性的指导。

2. 营造宽松、自由、平等的创作环境。鼓励幼儿大胆创作，不吝啬鼓励的话语，耐心地倾听他们在创作过程中的情感表达，重视每一个幼儿的个性表现和艺术创作。例如遥遥，虽然是一个不善于表达的孩子，但是在这样一个轻松愉快的环境中，他可以鼓起勇气介绍自己的小花，在活动中获得快乐和自信。

3. 主动与班级教师沟通。在活动开始前，积极和班级教师沟通，了解班级近期开展的活动，了解幼儿的现有水平。例如，班级开展过制作棒棒糖的活动，有过团圆的经验，有些幼儿能够用小手搓条，但是不会盘泥。在了解幼儿现有水平的基础上，结合活动内容进行前期经验铺垫，有目的地帮助幼儿拓展新经验。在活动结束后，主动和班级教师沟通幼儿的活动情况，了解幼儿的性格特点、喜好、兴趣，为接下来的活动奠定基础。

《纲要》中指出：艺术是现实生活或内心体验的符号化反映，它以情感和想象为特征，是美的存在形式之一。支持和引导幼儿感受并喜爱环境、生活和艺术中的美，喜欢参加美术活动并能大胆表现自己的情感和体验，能用自己喜欢的方式进行艺术表达，是幼儿艺术领域教育追求的价值。在本次活动中，每个幼儿心中的小花都是不一样的，制作的方式也不一样，甚至在制作过程中融入的情感也是不同的，但是他们用自己的方式进行大胆表达和创作。从他们投入的表情和言语上，我们看到了他们对大自然和艺术创作的热爱。在接下来的活动中，我会进一步了解和尊重幼儿艺术活动的特点，带着欣赏的眼光去看待他们的每一个作品，关注并鼓励幼儿自发的艺术活动，从中发现幼儿的兴趣、爱好和现有水平，理解、尊重幼儿对周围事物的真实感情，为每个幼儿提供美术创作的机会，让每个幼儿都更加热爱美术活动，在游戏中发现美、感受美、创作美。

管理思考：

李老师的案例以与孩子对话的方式呈现。其中，令人惊喜的是，多次对话都是由幼儿发起。即使教师提问，孩子们也可以自主、大胆地表达内心的真实想法。活动体现了宽松的活动氛围，小班幼儿的天真烂漫，幼儿对活动的喜爱及对教师的充分信任。再细细品味教师给予幼儿对话的回应，字里行间透露出教师对孩子的接纳、理解、欣赏及对幼儿想法和作品的珍视。

我要为这群可爱的孩子创作的独特作品点赞，更要为能够细心观察、与孩子温暖对话的李老师点赞：

其一，李老师虽然是班外的美术教师，但对于活动中幼儿的表现可以及时给予回应与鼓励，为幼儿创设宽松自由的氛围，使幼儿即使面对陌生的老师，也敢于大胆表达自己的想法。

其二，教师能够通过多种途径发现幼儿对院落里飘散的小花感兴趣，及时抓住教育契机生成活动，大大激发了幼儿参与活动的主动需求。活动中幼儿想说、敢说、愿意说，大胆创作属于自己的独特小花，这也体现了"教育来源于生活"。

其三，教师能够在活动前、活动后与班级教师积极主动沟通，了解幼儿的个性情况、发展水平。教师对幼儿的个性发展特点、表现进行分析与识别，及时梳理师幼互动方法及支持策略，使幼儿及自身均能获益。

每个幼儿心里都有一颗美的种子，教师应创造条件和机会，激发幼儿学会用心灵去感受和发现美，鼓励幼儿用自己的方式去表现和创造美。希望每位老师都可以静下心来看一看幼儿在做什么，听一听他们在说什么，聊一聊他们在想什么，让我们用心感知、用心陪伴，一起走进童心世界。

（王　萱）

案例二　浩初的蝴蝶世界

班级：小班　教师：王　震

🐤 案例背景：

春天到了，植物长出了嫩芽，小虫子破土而出，小蝴蝶也在天空中翩翩起舞……

幼儿对春天产生了强烈的好奇心，他们愿意向成人表达自己的发现，同时也愿意用自己的方式表达内心感受。爱因斯坦曾说过："兴趣和爱好是最好的老师。"对于学前儿童而言，有了兴趣点，他们便会拥有快乐的情绪，从而愿意去主动探索。兴趣是学前儿童成长的原动力，也是成长过程中的催化剂。作为一名幼儿园教育工作者，要及时捕捉到幼儿的兴趣点，调动幼儿的积极性与主动性，给予幼儿宽松愉悦的学习空间，帮助幼儿在感兴趣的氛围下学习与成长。

一、制作小蝴蝶

浩初找到超轻纸黏土和工具，认真地做出了蝴蝶的样子（图42）。

图 42

"王老师，快看！这是我做的蝴蝶！我之前用剪纸的方法做过一只小蝴蝶，这回做得不一样了。"浩初兴奋地给我介绍着。接着，又找到班级其他教师，分别向他们展示作品。看得出，浩初一定很喜欢自己的蝴蝶作品。

我好奇地蹲在浩初身边说："浩初，你做的蝴蝶真好看，是怎么做出来的呢，能教教我吗？""蝴蝶的身体是搓出来的，翅膀是一个圆形的片，把它们粘起来就行了。""蝴蝶的翅膀是怎么做这么圆、这么扁的呢？""我是把纸黏土用手揉啊揉，揉圆了，然后用大拇指按扁就做好了。""你的小蝴蝶真有意思，再给它穿漂亮的衣服会不会更好看？""啊！我知道了。"浩初继续将不同颜色的纸黏土搓成小圆球，按在了蝴蝶的翅膀上。

【教师分析】

幼儿对春天里的蝴蝶十分感兴趣，愿意用自己的方式表达对春天的喜爱之情。在游戏过程中，目的性很明确，愿意大胆动手尝试，也初步具有制作蝴蝶的经验。同时，幼儿将教师视为同伴，愿意主动向教师分享自己的作品及制作过程，交往能力初步萌芽。

二、大家一起做蝴蝶

"哇，这么多蝴蝶，真漂亮啊！"浩初面带微笑地说着。他发现了更多的蝴蝶图片，还认真地观察每一只蝴蝶，指着它们叫出了名字。接着浩初找来纸黏土，想要用纸黏土继续制作小蝴蝶（图43）。"浩初，你能教教我吗？"旁边围观的小朋友问道。浩初爽快地点了点头答应了，小朋友纷纷围过来（图44）。浩初有模有样地跟小朋友介绍："首先用手掌搓它的身体，然后做它的翅膀。""它的翅膀怎么做呢？"小朋友问道。"它的翅膀是先揉圆，然后用大拇指按扁的，最后把4个翅膀和身体粘起来就成了。"小朋友听着浩初的讲解，一步一步地制作。大家有说有笑，开心极了（图60）。

图43

图44

【教师分析】

浩初依旧对制作蝴蝶充满兴趣，教师及时捕捉到幼儿的兴趣点，并提供各种蝴蝶照片，期待孩子生发新的游戏。浩初与同伴自主开展了制作蝴蝶的游戏，与小朋友一起体验游戏的快乐。

三、蝴蝶变身

自主游戏时间，浩初再一次选择与蝴蝶有关的游戏。这次他选择了水粉，然后将蝴蝶照片放在桌上对我说："王老师，我最喜欢这只粉色的蝴蝶，我想用水粉颜料画一只，可是我不知道怎么画。""我们一起来看看这只蝴蝶都是由哪些部分组成的吧！""有头、触角、身体还有翅膀。""是的，你观察得真仔细。"于是，他按照观察到的样子画出了一只小蝴蝶（图45）。

游戏分享的时候，浩初主动向小朋友介绍了自己的作品。"小朋友，你们猜一猜我画的是什么动物？""蝴蝶""没错！这就是我用水粉颜料画的蝴蝶。

图 45

我是用细毛笔蘸上水，然后蘸喜欢的颜色画出来的。我画完了一种颜色之后，要把笔在水里涮一涮才能再蘸另一种颜色。"小朋友欣赏着他的作品，投来了好奇的目光。

【教师分析】

1. 浩初善于观察与发现，能主动用新材料去探索自己喜欢的事物，大胆尝试，挑战自己。

2. 浩初十分勇敢，能够主动向小朋友介绍自己的作品，介绍过程完整、清晰，还能用提问的方式与小朋友进行互动。

案例反思：

在近期的游戏中，教师发现浩初对蝴蝶十分感兴趣，喜欢去探索蝴蝶，愿意用自己的方式去制作蝴蝶。上学期浩初就用剪纸、贴纸的方式制作过蝴蝶，这学期他又能将已有经验融入今天的游戏里，还有了创新，使我感到十分惊喜。而且浩初在游戏前有自己的游戏想法，知道自己想要制作什么，并知道需要用哪些材料，游戏的计划性很强。在游戏过程中，他也可以独自操作，十分专注。基于孩子的兴趣，教师及时投放了各种各样的蝴蝶图片，以供浩初能够更好地探索蝴蝶，走进蝴蝶的世界。

浩初还十分善于学习和接纳，他愿意接纳教师的提议，不断完善自己的游戏。比如，当他听教师说"你的小蝴蝶真有意思，它怎么没有穿漂亮的衣服呢？"马上想到粘花斑点去装饰蝴蝶。能够看出他十分喜欢思考，愿意去解决问题。浩初还愿意把自己的经验分享给更多的小朋友，成为同伴心中的"小榜样"。当小朋友向浩初表示感谢，而浩初不好意思笑了的时候，我相信他的心里一定是暖暖的，是非常开心与自信的。

在游戏的过程中，浩初具有一定的包容心，这是一种优秀的品质。由衷希望他能在自己感兴趣的游戏中不断探索、发现，感受交往的快乐。我也会继续关注孩子的兴趣，支持孩子不断探索蝴蝶的秘密。

【倾听家长】

亲爱的老师，收到您记录的故事，我们全家都很感动。也念给了孩子听，他听了后既高兴又不好意思。跟我说："妈妈，明天我能带些美丽的昆虫照片去幼儿园吗？"我很欣慰孩子在幼儿园中的成长。

爱自然、爱动物的孩子，内心柔软，会成长为一个心中有爱的人。对于孩子的兴趣和爱好，让我们在家里和幼儿园一起守护吧！

💡 **管理思考：**

我也是通过王老师的案例，才认识这个专注于研究蝴蝶的男孩儿——浩初。每当清晨进入班级，就能看到浩初扭捏着身体，不肯喝奶的样子。可到了自主游戏时间，又看到一个兴致勃勃、对昆虫滔滔不绝的浩初。

故事发生在上学期，细心的王老师发现浩初对蝴蝶情有独钟。经过了一个假期，浩初仍然专注蝴蝶作品的创作。老师的介入，浩初并不陌生，欣然接受。老师试探性的提议，浩初也是全盘接受，并不断拓展创作与交往的空间。可见，兴趣在其中发挥了重要的作用与价值。

浩初与蝴蝶，兴趣与课程。建立其中的关联，生成适合浩初的系列活动，背后是教师默默的助推，让这个小男孩儿在兴趣的驱使下，拓展体验、获得认可、获得自信。

上述我们所做的一切，是第一步，也是很有必要的一步。是因为我们看到了孩子的闪光点，也相信每个孩子都有自己独特、闪亮的一面。另外通过案例，也建立了我们和家庭之间的情感与信任关系，让家长感受到孩子在幼儿园的被爱与被呵护；让家长更加敞开心扉，与我们交流育儿体验。那下一步是什么呢？家长的反馈能引发我们更深度的思考：如何借由孩子的兴趣，推动孩子向更深、更远处发展。比如，大口吃饭不挑食，心中充满爱与阳光，专注学习拓展探究……这里面就有对儿童的深度分析与评价，从多元角度思考，促进幼儿更全面的发展。

今天，再到小一班，浩初主动和我打招呼，还告诉我今天打算用泥制作蜻蜓。我很欣喜，这个男孩儿的兴趣在不断拓展。他借用蝴蝶的特点思考蜻蜓的制作方法，他真的很棒。

蝴蝶的世界是美丽的，大千世界更是多姿多彩。而这个小男孩儿也正通过自己的努力逐渐迈向更宽广的天地。我想，后面会发生更精彩的故事。而老师、家长、同伴，也会继续参与到浩初的成长故事中，追求更美好的生活。

（张　蕊）

案例三　降落到凡间的小天使

班级：小班　教师：杨宇昕

案例背景：

"皮皮，快来这儿和小朋友一起玩呀。"老师亲切且不厌其烦地呼唤着这个在班级中精力旺盛的小男孩儿。他小小的身影在教室中来回穿梭，他在集体之外似乎有着自己的"小小世界"。有时他会突然离开集体奔跑跳跃，有时他会不分场合地坐在地上把鞋袜都脱掉，有时他会突然大声尖叫，有时他又会爬上爬下……但每次老师和他沟通，他都会甜甜地回应老师："好""知道啦""行"。那清脆的回应如此悦耳好听，可回应过后仍旧沉浸在自己的"小世界"里。

这个温暖而可爱的小男孩儿，让人喜爱，也令人头疼。尤其是午睡环节，来园两个月时间，皮皮几乎没有午睡过，他这样的行为不仅影响自己休息，也让整个班级变得嘈杂。通过和家长的沟通我们了解到，他在家没有午睡的习惯，家长也表示关注到他的"异常"行为，但是也很无力。我暗自下定决心要帮助他试着安静地休息，尝试午睡。

于是，我和皮皮的午睡时光就这样开始了。

案例过程：

一、初次尝试，一筹莫展

午睡时间，皮皮像往常一样在老师的帮助下脱衣服上床。可没多久他就坐了起来，东倒西歪、左摇右晃。我拿了玩偶小恐龙放在他的怀里说道："皮皮，今天陪小恐龙睡觉好不好？""好。"皮皮开心地答应了，顺手接过小恐龙和它玩了起来。小恐龙有时会被他放到被子里面，有时会被他放到脚上抬起来……

看起来，皮皮成功地被小恐龙吸引了。可没一会儿，小恐龙和被子就都掉到了地上。我轻轻地捡起来说："皮皮快看，小恐龙掉在地上都摔疼了。你快抱抱它吧。"就这样，皮皮抱着小恐龙，我轻轻地拍着他。渐渐地，他安静了下来。就当我以为他要睡着的时候，他突然"呀"地叫了一声，小恐龙和小被子又掉到了地上。哎，看来小恐龙不太奏效。虽然有点沮丧，但我仍想再试试。忽然想起来他曾很认真地说过不喜欢小猪佩奇的动画片，于是我是试着转移他的注意力，问道："你为什么不喜欢小猪佩奇呀？""我就是不喜欢。"他边玩着手里的被子角儿边对我说。"那你喜欢什么动画片呀？"我继续自然地询问。这次他特别高兴地说道："汪汪队！""哦，我也很喜欢，那等你在床上安静地休息好了，有力气了，我们一起看汪汪队好不好？"他开心地笑着说："好。"皮皮回应得干脆，却依然在床上来回翻滚，大声尖叫……哎！今天的午睡以失败而告终，他的精力依然旺盛，而我的精力却大打折扣。

【教师思考】

皮皮的注意力能够短暂地被喜欢的事物吸引住，但是持续时间不长，这与皮皮的专注力较弱有关。从"我就是不喜欢"这样的表达中可以看出，皮皮对于不喜欢的事物有着强烈的抵触感。反之，教师通过与皮皮进一步耐心地沟通，了解到他喜欢看的动画片是汪汪队，这也为后续支持幼儿提供了很好的线索和方向。

二、小贴画的魅力，享受片刻宁静

第二天，又到了我最"害怕"的午睡环节，一时间还没想到什么好办法哄皮皮睡觉，但这个环节又不可回避。硬着头皮，我又拿来小恐龙安抚他躺在了床上。"今天小恐龙还想要你陪着它一起睡觉，你想陪着小恐龙吗？""想。"皮皮用甜甜的声音回应道。就这样，皮皮抱着小恐龙，盖好小被子躺在了床上。不一会儿，小恐龙掉到了地上，皮皮哈哈大笑起来。怎么安抚他的情绪？换一个方法试试吧。于是我从兜里拿出了提前准备好的小贴画，说："你快看，这是什么呀？"皮皮瞬间就被小贴画吸引了，大大的眼睛盯着小贴画上面的图案。"你快陪着小恐龙睡觉，等起床了小贴画就在你身上了。"我鼓励地说道。"好啊。"说完皮皮抱着小恐龙翻身并主

图 46

动盖好被子。时间一分一秒地过去，皮皮时而睁开眼睛看看我，时而闭上眼睛嘴角微微上扬（图46）。虽然没有睡着，但是能够试着安静一段时间了。我的内心无比欢乐，也感受到皮皮开始享受躺下来的安静时光。

【教师思考】

教师投其所好地准备了小贴画，也成功吸引了幼儿的注意力。在老师的亲切鼓励下，皮皮开始尝试主动盖好被子，可见他有一定的自我服务意识。虽然时而睁眼、时而嘴角上扬，没有睡着，但也能看出皮皮知道午睡的要求，具备一定的自控能力。教师持续倾听幼儿的需求，陪伴幼儿在轻松的氛围中进行尝试和改变；积极与家长沟通幼儿在园情况，适时了解幼儿居家的情况，做到教育理念统一。

三、让爱有声，与他同行

通过一段时间的相处，我发现他对声音特别感兴趣，于是我调整了午睡的看护方法：准备了一个小小音箱。与此同时，也依然拿来了睡觉必备的小恐龙。

故事轻轻地在皮皮耳边播放着，皮皮纹丝未动。"喜欢听这个故事吗？"我好奇地问。"喜欢呀。"他特别开心地对我说道。"那你躺在床上好好听，这样听得就更清楚了。""好。"说完，皮皮点了点头，侧着身子认真地听了起来。"你可以试着闭上小眼睛听故事，这样听得更清楚。"没想到皮皮居然真的闭上了眼睛。

就这样，在整个午睡的过程中，皮皮虽然会不停地翻动身体，但始终没有离开过小床，也没有再发出尖叫声，小恐龙和小被子都盖得严严实实的，故事成为他温暖的陪伴。

【教师思考】

通过与家长沟通，教师了解到孩子在家也有听故事入睡的习惯。在教师的鼓励下，皮皮能够尝试闭上眼睛倾听，这也表示幼儿的坚持性和控制力在逐渐提升。教师持续观察了解幼儿的兴趣喜好，及时调整策略，持续培养幼儿的控制力与良好的午睡习惯。

案例反思：

皮皮穿梭于班级的小小身影总能吸引我的眼球。起初的关心关注，更多是害怕他因为突然的跑开和上蹿下跳的行为出现危险。但随着时间的推移，我被他的天真可爱所吸引。有时也会有质疑：为什么皮皮会有这样那样的行为出现？带着疑惑，我们仍精心于每日对皮皮的呵护与陪伴，循序渐进与皮皮家长沟通孩子在园及居家的状态，与家长共同探讨适合皮皮的教育方式。慢慢地，我们和家长建立了信任关系，家长道出了自己的难言之隐：原来皮皮已经通过专业诊断，是有轻度感统失调和孤独症的孩子，他的安坐能力不足、注意力时间短暂，并且多动，会容易沉浸在自己的世界。

得知这一情况，我的心情很复杂。一方面是很心疼皮皮，另外也很心疼家长的手足无措。家长能够和我们敞开心扉，倾诉她的难言之隐，这说明对幼儿园、对老师是十分信任的。面对这样有特殊需要的孩子，我默默下定决心，要加倍地疼爱他，用我们的爱与陪伴，走进皮皮的内心世界。

作为幼儿园老师，应该怎样默默地守护他，给予他理解、接纳，用爱促进他的健康成长呢？

1. 加强学习，了解皮皮的学习特点和生活方式。通过学习和妈妈的介绍，我了解到和有轻度感统失调和孤独症的孩子沟通的时候要重复，多用目光、表情、手势、动作、语言等手段帮助他们进行强调。我们和孩子沟通时要看着他的眼睛，因为有的时候孩子不能识别我们的情绪，我们要描述出来。

2. 加倍地耐心关怀。对于学龄前特殊儿童来说，幼儿园阶段有着特别重要的成长意义。作为教师，我们要身体力行，拉近师幼之间的距离，走近他、了解他、接纳他，多进行正面行为的鼓励和强化，细心陪伴，耐心地给予帮助与指导，认可他的每一个小小进步与变化，成为皮皮真正可以信赖的朋友。

3. 建立更好的家园共育关系。出于对幼儿身心健康发展，包括后续升入小学的入学适应，甚至是未来对整个社会的适应能力的考虑，我们积极地与家长沟通，一方面要对家长表示理解，建立平等共识的合作关系；另一方面，通过专业医师给予的建议，共同配合开展融合教育。

接纳不完美，反而更完整。每个人都是独特的自己，感谢皮皮出现在我的教育生涯中，让我有机会理解、支持这样有特殊需要的孩子，希望能够尽我最大的努力让他长出飞扬、自由的翅膀，希望他能够冲破身上的枷锁，收获世间更多的美好。

💡 **管理思考：**

习近平总书记提出"优先发展教育事业"。"努力让每个孩子都能享有公平而有质量的教育"是教育事业优先发展的着力点，也是坚持以人民为中心，实现"幼有所育、学有所教"的必然要求。

面对皮皮这样一位有着特殊需要的儿童来说，更需要教师具备专业的知识、高度的责任感与爱心，在接纳、理解、倾听的基础上，与孩子同频共振，和孩子建立尊重、平等的师幼关系，进而走进孩子的内心世界，给予孩子专业的指导与支持。皮皮的改变也源于皮皮所感受到的温暖、舒适与他自身的不懈努力。

这是一篇充满爱与力量的文章，让每一个孩子享受公平而有质量的教育，这是教育的目的，也是我们每一位教育者最大的心愿。

（张　蕊）

案例四　你笑起来真好看

班级：小班　教师：邬京桦

案例背景：

"你笑起来真好看，像春天的花一样。"听到这首歌就想起爱笑的珲珲，弯弯的眼睛变成小月牙，特别好看。但上学期，珲珲因生病请假一段时间后，笑容就越来越少，取而代之的是发脾气、摔东西、不参与集体活动、很少回应老师和同伴……

到了小班下学期，我发现珲珲的状态依然没有好转。我很着急地请教老师们："怎么可以让珲珲变回最初那个爱笑的男孩儿？"老师们给了我一个建议：从珲珲感兴趣的事入手。

案例过程：

一、寻找兴趣——一次愉快的聊天

午睡时间，珲珲不愿入睡，一直盯着旁边果果手里的玩偶。我灵机一动，问他："珲珲，你也抱个娃娃睡吧，咱们班有小狐狸和小狼，你想要哪个？"珲珲没有说话，但眼睛开始往抱枕的方向瞟。我把两个抱枕拿过来，说："你挑一个吧。"珲珲指指小狼。我轻轻地把抱枕递给他，他把小狼塞进被子里。我说："小狼也困了，你能抱着它躺一会儿吗？"珲珲没有理我，还是在床上倒腾着被子和小狼。我想到珲珲可能是想和小狼做游戏，再次尝试："诶？你的小狼呢？我猜你把他藏在了被子里。"珲珲一下咯咯地笑了。就这样，我们玩起了藏和找的游戏。玩了一会儿，我又尝试从其他方面了解他的兴趣，"珲珲，你喜欢什么动画片呀？""汪汪队。""那我送你小狗汪汪队的贴画好不好？"珲珲很高兴地点点头。今天的午睡环节，珲珲的情绪非常稳定。

【教师思考】

珲珲缺乏一定的主动性，不愿意主动表达需求。看到别的小朋友有玩偶，自己想要却不主动表达。珲珲其实是个能力很强的孩子，只要情绪状态良好，会跟老师聊天、主动参与活动，但是情绪不好时就什么都不愿意做。今天我主动靠近他，初步拉近了和他的距离。

【教师支持】

想要解决情绪问题，首先要取得珲珲的信任，和他建立情感上的联系。通过和他谈论感兴趣的事物，让他打开心扉，对我产生好感。之后，可以对珲珲好的行为及时进行正强化。鼓励他加入大家的游戏中，通过同伴的带动帮助他融入集体生活。

【倾听家长】

和珲珲爸爸沟通后，我得到了积极的反馈，爸爸表示现在他每天能够高兴地来幼儿园了。

二、感受自己的价值——能干的珲珲

这天，珲珲在"大森林"玩得特别开心。我俩手牵手路过毛巾架时，我说："珲珲，你能帮我拿一下毛巾吗？"珲珲很利落地接了过去。"谢谢你帮我拿着，你真棒。"回班后我整理毛巾，珲珲一直在旁边看着我，我问他："你是想帮我叠毛巾吗？"他点点头。"好呀，那你来叠吧。"他接过我手中的毛巾，认真铺好。我对珲珲说："谢谢你，珲珲真是个能干的小朋友。"在这之后，为了拉近我们的距离，我会经常请他帮忙。有时他也会主动帮助我收玩具、铺垫子、叠毛巾，做很多事情。

【教师思考】

珲珲这两天在园的情绪明显好转，笑容增多。他做事情细心认真，在叠毛巾的时候会把毛巾的四个角都对齐铺平。可见，珲珲具备一定的动手能力。

【教师支持】

让珲珲有事情可做，珲珲的情绪得到明显好转。比起同伴交往，他更愿意跟着老师一起做事。因此，教师通过向珲珲寻求帮助的方式，让珲珲知道他是被别人需要的，也能够增强珲珲的责任感。

三、控制不住啦——珲珲的小情绪

珲珲主动过来帮我铺地垫，可没过一会儿又生气地把垫子扯开了。赵老师说道："珲珲，这不铺得挺好的吗？怎么又扯开了。"听到这话，珲珲更生气了，说："我不要！"说着把垫子扯得更大了。这时我拿来毛巾说："珲珲，快来帮我叠毛巾吧，我需要你。"珲珲噘着嘴扭过头说："不叠。"我又鼓励珲珲："快来呀，你叠得最好了。"珲珲继续生气，拿着垫子甩来甩去地发脾气，然后跑到盥洗室把洗手液都挤出来，把瓶子扔到了小便池里。发现老师没有回应他，又跑出来把水果盘子都推到了地上。我平静地对他说："没关系，老师陪你一起把盘子捡起来。"珲珲站在那儿若有所思。这时，张老师进来了，珲珲搬着垃圾桶就要往门外扔。张老师了解到珲珲刚刚的情绪后，调整了与他的对话方式："大卫不可以。珲珲，大卫对你说不可以。"珲珲愣了愣。张老师把垃圾桶拿了回来，说："这可不是我对你说的，这是大卫对你说的。"珲珲没有反抗，接着张老师又说："珲珲，你去把盘子捡起来可以吗？"珲珲没有回应。张老师换了个方式说："我们一起把盘子捡起来好不好?"说着,张老师拉起珲珲的手,一起把盘子捡起来了。

【教师思考】

珲珲这样发脾气已经不是第一次了,这次是因为睡过午觉之后有些起床气。他的脾气一上来就控制不住自己的行为,老师不能以强硬的方式来制止他。张老师采用了珲珲喜欢看的一本书《大卫不可以》中的情节和语言来引导珲珲,让他知道自己的行为就像大卫一样是不对的。再给珲珲一个台阶,他就渐渐冷静下来了。

通过日常观察,我还发现珲珲很在乎别人对他的评价。如果有小朋友发现他有事情没做好,他很难接受也会发脾气,但是只要有其他吸引他的事,他会很快转移注意力。

【教师支持】

每个人都会有情绪不好的时候,摔东西就是珲珲发泄情绪的一种方式。后期可以结合《情绪小怪兽》的图画书引导珲珲识别自己的情绪,再学会控制自己的情绪。

对于接受同伴的看法这一点,老师还是要有耐心,继续鼓励珲珲进行同伴交往。同时,也要给他制造与同伴交往的机会,并在集体前多表扬他,树立他在小朋友心目中正面的形象。

四、开始同伴交往——珲珲有了好朋友

下午,珲珲和当当一起玩转椅,随后当当走到哪儿,珲珲就跟到哪儿(图47)。我在边上默默地看着他们,心想,珲珲这是交到好朋友了呀。回到班里,珲珲很高兴地跟着当当去喝水。到了晚饭时间,正好当当边上有个位置是空着的,我把珲珲的饭菜挪到空位上,对珲珲说:"珲珲,你今天交到了一个新朋友,老师也为你感到高兴。当当旁边还有位置,你俩坐在一起吃饭吧。"珲珲点点头。随后的日子里,经常可以看到当当跟珲珲一起玩。

图47

【教师思考】

珲珲和当当之前就有一起玩转椅的经历,这次两人又坐在一起,成了好朋友。

当当比较主动，能够很好地带动珏珏。但当当不可能一天形影不离地带着珏珏，所以后续还要给珏珏创造更多交朋友的机会。

【教师支持】

通过同伴带动珏珏融入集体中是一个有效的办法，老师要不断创造让珏珏和同伴交往的机会，鼓励珏珏多交朋友。在同伴面前肯定珏珏的进步，让更多的小朋友了解珏珏，愿意和珏珏一起玩。多给予鼓励和正强化，让珏珏看到自己的成长与进步。

【倾听家长】

珏珏爸爸在家也看到了孩子的改变，非常感谢老师们的陪伴和帮助。

案例反思：

1. 享受和孩子相处的过程。在和孩子们相处的过程中，我看到了一个纯粹、快乐的世界。孩子们的一句句"老师我喜欢你"，直击心灵，让我感受到教师这份职业带来的幸福感。

2. 不仅用眼睛看、耳朵听，更要用心去靠近。在对幼儿进行观察记录的时候，我习惯于当一个旁观者。后来发现只有用心去靠近孩子，才能走进他们的内心世界，更好地了解他们。

3. 正面管教真的很有用。刚进入工作岗位时，我就阅读过《正面管教》这本书，结合观察其他老师的教育方式，我开始改变自己的语言。在和珏珏相处的过程中，正面的语言引导起了很大作用。

4. 尊重每个幼儿，让每个幼儿都得到平等且高质量的教育。每个幼儿都是独立的个体，有自己个性的一面。教师要保持积极乐观的情绪状态，以亲切和蔼、支持性的态度和行为与幼儿互动，平等地对待每个幼儿，才能更好地帮助幼儿成长。

5. 运用多元化的方法观察与分析，更好地解读幼儿。在观察的过程中，我使用了一对一倾听、聚焦式观察、与家长沟通等方法，看到了幼儿身上无限的可能。

管理思考：

邬老师和珏珏的故事很长，但我仍带着期待与兴奋认真看完。因为我也切切实实地看到了珏珏的变化，与珏珏、邬老师一起收获了快乐与喜悦。

起初的珏珏令老师感到"头疼"，因为不合群、发脾气、求关注等种种表现，可以说给老师带来很大的工作量，甚至有些焦头烂额。但孩子本身没错，如何让教师树立更科学的教育理念，遵循幼儿的身心发展规律，尊重个体，追随幼儿兴趣并促进其发展呢？通过与邬老师的沟通，引发其深思：从珏珏感兴趣的事入手，从而燃起他的渴望与需求，促进他的行为转变。两周的时间，我们欣喜地看到了珃珃的变化，更欣喜地看到了年轻教师的成长。邬老师用自身的行动参与到珃珃的生活中，通过学习《正面管教》《幼儿园保育教育质量评估指南》，将知识外化为行为；亲切和蔼地参与到珃珃的生活与游戏中，和孩子建立信任关系，平等互动；了解珃珃的家庭背景，倾听家长心声，帮助家长解决育儿困惑；主动与干部交流想法，反馈珃珃的行为变化，并分享自己的困惑与思考……邬老师用自己的行为告诉我们什么是最美的幼儿园教师。

秉承园所文化，按照"四有好教师"标准履行幼儿园职业道德规范，奋发向上，吃苦耐劳，不懈努力，追求卓越，砥砺前行，让我们"长安人"凝聚在一起，用行动诠释幼儿园教师最美的模样。珃珃的故事还在继续，而您和孩子的相遇，也将谱写新的篇章。

（张　蕊）

案例五　金金的内心世界

班级：小班　教师：王　佳

🐦 案例背景：

金金是一名小班幼儿，第一学期，金金的分离焦虑持续了很长一段时间，具体表现为：最开始来园会持续地大哭，慢慢地调整到遇事儿用哭泣来表达自己。一直到学期末，金金都处于一种不愿意表达自己，不主动和同伴接触的状态。

这个学期初，金金和上学期一样，总是自己一个人玩。当老师和金金交流时，金金会表现出紧张的状态，当小朋友和金金主动交往时，金金也会沉默，不予理会。面对这样一个沉默、不善于表达的孩子，我们该如何走进她的内心深处呢？直到绘画表征活动的开始，让我对金金有了更深入的了解。

🦋 案例过程：

一、金金 2024 年 3—4 月的表征

【倾听幼儿】

3 月 11 日：玩的美工游戏。

3 月 12 日：玩彩泥了。

4 月 10 日：今天我做水果了。

4 月 15 日：积木玩具好好玩。

【教师思考】

通过观察金金这一段时间的游戏，老师发现金金一直都是一个人游戏的状态。美工区是她经常光顾的地点，偶尔会选择桌面玩具、阅读图画书。在倾听过程中，金金的表达简单明了，每天的表达内容基本上是在哪儿玩，玩了什么。当老师对她的游戏内容表示好奇，想要与金金进一步交流时，金金会保持沉默，不愿意再多说。观察金金的表征画面，她绘画的内容会呈现在纸张的角落，使用单一颜色，小人代表自己，旁边是她的游戏（图48）。通过画面可以感受到她内心的局促、缺乏安全感。

图 48

【教师支持】

教师在背后观察金金，非必要情况下减少与金金正面的单独沟通，减少金金的焦虑与不安。在集体中多进行表扬与鼓励，提升金金的自信心，让金金获得安全感。鼓励班级善于交往的孩子主动与金金一起游戏。与家长沟通反馈金金在园的情况，同时了解到金金在家中是愿意表达自己的，能够和爸爸妈妈说一些自己的事情和想法。

二、 2024 年 4 月末，金金的表征开始发生变化

【倾听幼儿】

4 月 23 日：我和家和玩娃娃家。

4 月 24 日：今天我和家和、蓝兮露营，特别开心！我们还喝饮料了。

4 月 28 日：今天和蓝兮看书着，然后蓝兮说换一个游戏，我们就去玩拼图了。

4 月 30 日：金金、蓝兮、青青，三个好朋友看了好多书。

【教师思考】

班级中的小朋友开始主动与金金进行交往游戏，金金慢慢地打开自己，与朋友一起游戏。在班级中，金金也开始逐渐地表达自己的想法，和同伴进行交流。在倾听过程中，金金表达的内容开始增多，能够讲述自己和谁在一起游戏，玩儿了哪些不同的游戏，开始关注自己游戏的心情。从表征的画面中可以看到，金金的绘画布局依旧是在画面的一角，但画面的占比开始变大。绘画的小人开始增多，除了自己，还有和她一起游戏的小朋友，有的表征中开始运用不同的颜色来表达游戏（图49）。

图 49

【教师支持】

教师在游戏中观察幼儿的游戏及与同伴互动的情况等。在倾听的过程中，当金金有了更好的转变与新发现时，及时给予肯定与鼓励。如当金金认识新朋友、体验了不同的游戏、表达一起游戏的快乐心情时，给予金金正向强化，从而促使金金更愿意在集体中游戏，体验班级不同的活动。

三、金金 2024 年 6 月的表征

【倾听幼儿】

6 月 11 日：今天看了好几本书。

【教师思考】

金金与朋友之间的互动越来越多，也能够在日常生活中看到她更多的笑脸。在绘画表征中，画面的布局开始变大，内容处于画面中心，使用的颜色开始增多（图50）。能够感受到金金在集体中越来越具有安全感，即使一个人游

戏时，也可以大胆地选择自己想玩的游戏材料进行游戏。

图 50

【教师支持】

1. 对于金金来说，周围有值得信赖的同伴，会让她形成安全感和信赖感，更愿意表达自己。教师可以通过日常游戏中的陪伴、关心、拥抱与鼓励，拉近与金金之间的关系，建立舒适友爱的师幼情感，为金金营造安全、温暖的心理氛围，从而让她可以更好地探索和表达自己的情感和想法。

2. 在倾听环节中，可以调整倾听表征的方式，加强共同游戏中同伴间的沟通与交流，希望在与同伴的交流中激发金金的表达愿望。

3. 通过分析金金几次的绘画表征内容，发现画面中会出现一些相同的线条符号，教师可以在倾听的过程中通过提问、追问，了解金金的绘画符号表达的内容是什么，结合对金金游戏的观察，更好地了解金金的内心想法和感受。

案例反思：

通过对金金表征内容的持续观察及分析，我们对金金的内心有了更深入的了解与认识。在教师的不断支持下，我们也欣喜地看到了金金的变化与成长。通过解读幼儿绘画表征，我们深切地感受到表征真正的价值与意义。我们可以从幼儿的表征中更好地了解他们的想法和需求，了解其身心发展水平，尤其对于不善于用语言表达自己的幼儿来说是一个很好的途径，拉近了幼儿与教师之间的关系，让教师可以走进幼儿的内心世界，理解他们。通过表征活动，我们可以更加全方位地读懂幼儿，也让我们对幼儿的需要及发展分析得更加准确，从而去制定更加适宜的支持策略。表征让我们更加直观地看到孩子长期的发展轨迹与成长历程。后续，我们将持续对幼儿进行观察，以幼儿为本，主动倾听幼儿，鼓励幼儿进行多元表征，更好地支持幼儿的学习与发展。

💡 **管理思考：**

《评估指南》中指出：重视幼儿通过绘画、讲述等方式对自己经历过的游戏、阅读图画书、观察等活动进行表达表征，教师能一对一倾听并真实记录幼儿的想法和体验。基于此，老师们开始实践表征活动与一对一倾听，探究走进幼儿世界的途径，从而促进幼儿的发展。

金金的连续表征，让我们切切实实地看到了金金的变化与成长。"表征"就像孩子的一百种语言，为幼儿提供安全的渠道来探索和表达自己的情绪情感和想法，为幼儿建立有效的情感链接，创设宽松、有爱、良好的倾听氛围，让幼儿体验被听到、被重视的美好感受。这种被教师接纳、重视的感觉对于幼儿的发展来说至关重要，也是建立良好师幼关系的基础。教师对幼儿个体差异的尊重，对不善于用语言进行交流的幼儿的支持、对用绘画表达自己内心感受的幼儿的理解、对幼儿表征绘画内容的主动关注，都体现了教师以幼儿为本的教育理念。教师在尊重幼儿的基础上，给予幼儿更多心灵上的支持，为幼儿提供个性化的指导，帮助幼儿更好地成长。

表征活动让教师更加全面地了解每一个幼儿，让每一个幼儿感受到被看见、被尊重、被珍视。我们要学会放手，重视幼儿的表达表征，耐心倾听，理解幼儿语言，关注幼儿的情感，在表达表征中读懂幼儿的行为，让幼儿的学习和发展看得见。教师也在倾听和表征中不断反思、调整自己的教育行为，在实践反思中实现自身的专业成长。

（王 萱）

案例六 小游戏，大成长

班级：小班 教师：陈 虹

🐦 **案例背景：**

进入小班下学期，为了遵循小班幼儿的发展规律和年龄特点，更好地支持幼儿游戏与成长，班中投放了一批新的玩具材料。这批新投放的玩具材料对于幼儿来说无疑充满了吸引力和探索价值。它们可能是让人眼前一亮、色彩鲜艳的，也可能是设计精巧、功能多样的。它们能够激发幼儿的好奇心和探索欲望，支持他们在自主游戏的过程中学习与成长。今天的案例就围绕着一个叫"开锁"的新玩具展开。

案例过程：

自主游戏时间到了，瑶瑶径直走到了玩具柜前，拿起了"开锁"玩具。这个玩具是她第一次尝试，她的举动也一下吸引了我。于是我在旁边默默地观察。

"开锁"这个玩具由密码锁、钥匙锁、开关锁和转盘锁四部分组成。这些不同形式的锁让瑶瑶觉得非常有意思，她开始尝试如何打开它们。钥匙锁对瑶瑶来说非常简单，她旋转钥匙的方向，两次尝试把钥匙插进锁孔，轻松地就打开了钥匙锁。接着瑶瑶来挑战开关锁，小锁栓轻轻一拉，锁就被打开了。

小小的锁可难不倒瑶瑶，她信心满满地来挑战下一关——密码锁，密码锁有三个竖着的小齿轮，每个齿轮上都有 1 - 9 的数字。我心想：这可太难了，就算一个一个试，到天黑都不一定能试出来呢。就在我为瑶瑶担心的时候，她开始了一次又一次的尝试。最开始，她毫无规律且随意地转动着数字进行开锁，可并没有太好的效果。试了几次以后，她没有感到不耐烦，好奇心驱使着她不断地进行尝试。接着，我发现瑶瑶转动的密码开始有了规律，她把三条密码锁轴都调成了相同的数字。我轻轻地向她询问："瑶瑶，为什么要把数字都调成一样的呢？"她对我温柔地笑了笑，说："因为我在试呀！"不停的失败没有削弱瑶瑶对游戏的兴趣，我为她竖起了大拇指。接着，瑶瑶又尝试了很多次，但是依然没打开密码锁。我以为她会放弃，但她转向了身边的小朋友问道："雪球，你玩过这个玩具吗？你知道这个锁应该怎么打开吗？"雪球轻轻地从瑶瑶手中拿起玩具，把三条锁轴都调到了数字 0，再轻轻一按开关，密码锁啪的一声就打开了。瑶瑶看到了十分惊喜，赶忙夸赞雪球："哇！好棒呀！你是怎么知道密码的？"雪球指了指玩具的背板，对她说："我之前玩的时候发现后面写着密码呢。"瑶瑶恍然大悟："原来是这样啊！谢谢你雪球。"

解决了密码锁以后，瑶瑶兴致勃勃地开始攻克最后一把小锁——转盘锁。这个小锁看起来普普通通的，但是瑶瑶并不轻视它，积极地一次又一次转动转盘。试了几次后还是没能成功，她又一次向雪球求助："雪球，你知道这个应该怎么打开吗？"雪球看了看说："这个我也不会。"没得到小朋友的帮助，瑶瑶并不灰心，一边说着"没关系，我自己再试试"，一边又投入了新的战斗。经过她不断地尝试，在旋转到数字 6 的时候，转盘锁开了。她打开小锁，发现锁的内部其实是由一个不规则的半圆形组成的，当旋转到数字 6 的时候，锁的后面没有铁片挡住，就能轻而易举地打开了。发现了这个密码，瑶瑶赶忙向雪球分享："雪球，你快来看，我是这样打开的……"

【倾听幼儿】

教师将"瑶瑶开锁的故事"分享给了她，她表现得非常开心。当教师与瑶瑶讨论到为什么要把开转盘锁的方法告诉雪球时，瑶瑶告诉教师："因为我们是朋友，就要相互分享。"一句"因为我们是朋友"，饱含着幼儿交往之间的纯真善意，这样质朴的感情流露也使得教师对瑶瑶的认识又多了一分。在和瑶瑶沟通的后期，瑶瑶对幼儿园里还有哪些锁产生了好奇，这份好奇也驱动着瑶瑶继续进行探索。

【教师思考】

幼儿在尝试四种难度递进的小锁时，展现出不怕困难、坚持探索的良好品质。瑶瑶不断观察，迁移生活经验应对游戏挑战，遇到困难主动寻求帮助。多次挑战未成功后，她用友善的语言和态度向同伴请教，并主动分享自己发现的秘密。瑶瑶的社会交往能力和语言发展能力迅速发展，这些能力有助于她在日常生活中更好地与人沟通交流。兴趣是最好的老师，孩子们在开锁过程中的表现，体现出他们在探索中成长，在挑战中进步。

【教师支持】

1. 提供自主、宽松的游戏探索氛围，理解幼儿的游戏需要和游戏想法，欣赏幼儿的游戏和学习方式。

2. 用积极的语言肯定、鼓励幼儿的游戏想法，让幼儿感受到被共情和被支持的力量。

3. 游戏后，通过故事的方式帮助幼儿回顾自己的游戏过程，作为幼儿游戏方法、探索经验、交往方式的正强化，为后续幼儿游戏、解决问题及同伴交往积累经验。

🌷 案例反思：

1. 捕捉幼儿的兴趣，倾听幼儿的想法，让游戏真正作用于幼儿。游戏来源于孩子们日常生活中一次小小的探索。教师及时进行捕捉，并进行倾听，将幼儿的想法与做法对接核心经验，分析幼儿的需要。通过游戏，教师也深刻地意识到，幼儿的真想法真需求才是牵引整个游戏过程的最大驱动力。只有这样真实、细致的游戏时刻，才能让孩子主动探索，实现自己的想法，在情感、经验、交往、表达中获得最好的发展。

2. 耐心等待，陪伴幼儿在自主游戏中破茧，收获游戏经验。自主游戏是孩子探索世界、学习新技能、积累生活经验的重要途径。作为成人，我们的角色是耐心地陪伴和观察，让他们在自主游戏中自由发挥，破茧而出，收获和建构新经验。本次游戏，教师尊重、支持幼儿的每一个决定，给予幼儿足够的空间和自由，让幼儿能够尽情地尝试和探索。在幼儿面对失败和挫折时，教师保持尊重，及时鼓励。这些试错都是幼儿成长道路上不可或缺的经历。

3. 关注幼儿品格教育，为养成良好品质打下坚实基础。学前教育阶段是幼儿社会化的关键时期，也是品格教育的重要阶段。自信心至关重要，自信的孩子积极参与活动、主动交往、不惧困难。在本次游戏中，幼儿呈现出自信、坚持探究、不怕困难、善于归纳总结等特质，人际交往和语言表达能力得以发展，收获了自信、自爱、自强的良好品格。这不仅有助于他们当下的成长，更为今后的学习和人生发展筑牢基础。

💡 **管理思考：**

老师每天都会参与幼儿的游戏，观察幼儿的游戏。我们选择什么点进行观察呢？"第一次"蕴含了很多意义。比如第一次发现、第一次挑战、第一次坚持、第一次尝试……

今天的故事，从瑶瑶第一次选择这个"开锁"玩具为切入点，引发了陈老师持续地观察。能够看出教师观察幼儿游戏的目的性。

确定了观察人物与内容，再细化观察的过程。通过陈老师的记录，我们清晰地了解了这个开锁玩具，以及瑶瑶是如何一关关体验"开锁"的过程的。这里面蕴含着对玩具本身与幼儿关系的分析，即基于对幼儿已有经验的了解，分析幼儿的游戏水平。

瑶瑶在游戏中的表现不禁让陈老师对她刮目相看。从幼儿手部精细动作、思维能力水平、语言表达能力、解决问题、同伴交往、坚持性、反思解释等不同层面进行分析，是加深教师对幼儿了解的过程（打翻教师对幼儿的原有判断，重新认识幼儿，了解瑶瑶现阶段的发展水平，感受幼儿的力量，思考后续的支持策略与方式）。最后把故事分享给瑶瑶，让瑶瑶看到"能干"的自己，也让小朋友学习瑶瑶的好品质。

这个案例帮助我们以"六个支架"为切入点解读"课程游戏化"的思维方式，让我们更好地探索儿童视角下教师对幼儿的观察、分析与支持，关注幼儿的学习方式和学习过程，重视幼儿研究与支持过程的连续性，提升教师以儿童为本的教育理念和实践能力。

（张　蕊）

案例七　子傲的蜘蛛故事

班级：中班　教师：刘雪薇

🐦 **案例背景：**

中班刚开学，一位手中拿着一个枕套、眼眶红红地站在班门口的小朋友吸引了我的视线。渐渐地，子傲尝试接受与融入集体环境；渐渐地，子傲脸上洋溢的笑容越来越多，用他最大的热情尝试探索这个新奇的世界。

案例过程：

一、愿望的诞生

"老师，我想做一个蜘蛛。"活动区时，子傲和我分享了自己的想法。"这是一个很好的想法啊！""我家就有两只小蜘蛛，就在楼梯底下。"子傲神神秘秘地凑近我的耳朵，悄悄告诉我这个秘密。"那你想用什么材料做呢？""用彩泥，但是我不会做。你帮我找张图片吧！"

于是，我与子傲一起挑选蜘蛛图片。子傲看着各式各样的蜘蛛，摇了摇头，说："我还是不会做。""它的身子是什么形状的？""圆形的。""那我们先做身子。"子傲揪下一块彩泥，团了一个圆。子傲又看了看图片，用同样的方式团了一个小一点的圆，把两个圆黏在一起。"腿要怎么做啊？""它的腿是什么样子的？""长条的。"他把彩泥搓成长条安在了蜘蛛的身体上。"蜘蛛有几条腿呢？""8条！"子傲立刻答道。"你来数一数图片上的蜘蛛有几条腿？""1、2、3……有8条腿。"

【教师分析】

子傲的心思细腻，在家中偶然看见的蜘蛛让他念念不忘，并产生了好奇心，萌生了用彩泥做蜘蛛的愿望。他有着丰富的内心活动和奇思妙想。在与他的相处中，还能发现他的善良与温柔，同时，他的生活经验很丰富，了解许多自然科学知识。

二、毒蜘蛛

"我想做一个毒蜘蛛，就是这样的。"子傲来到我面前，双手举过头顶比了一个大大的圆。"你是想做一个大蜘蛛吗？""是的，它是毒蜘蛛，你能找点毒蜘蛛的照片吗？要这么大的。"子傲用手比画一个大圆，强调着。经过和子傲共同翻阅图片，我们发现世界上最大的蜘蛛叫食鸟蛛，是一只全体乌黑的蜘蛛。"不是这种蜘蛛。"食鸟蛛的样子与子傲想象的毒蜘蛛不同，于是，他开始翻看其他蜘蛛的照片。"是这个！"子傲指着一只背上有红色花纹的蜘蛛发出了惊喜的声音。他开始了制作，在蜘蛛身上增添了红色、黄色等色块。很快，子傲的毒蜘蛛诞生了（图51）。这一次，子傲还为蜘蛛做了触肢，不过子傲把触肢当作了嘴巴，只做了一条。"再看看图片，它有几条呢？"子傲看了看，又添上了一条触肢。

【教师分析】

子傲在遇到困难时会主动寻求帮助，当意识到自己不会做这个蜘蛛时，会

图 51

主动寻求教师的帮助，并且主动提出他认为可行的问题解决方案和自己的诉求。虽然翻阅图片没有找到，但他没有放弃，而是继续寻找，直到找到他心中的毒蜘蛛。这份坚持和不轻言放弃是子傲身上很珍贵的品质。

三、蜘蛛的家

在子傲每天持续地努力下，短短几天过去，蜘蛛家族的成员从一只小蜘蛛迅速拓展到十几只蜘蛛（图 52）。"蜘蛛是在网上生活的，我想给它做一个蜘蛛网。"子傲想出了一个新点子。于是，我们找来毛线缠绕在美工区的木头架

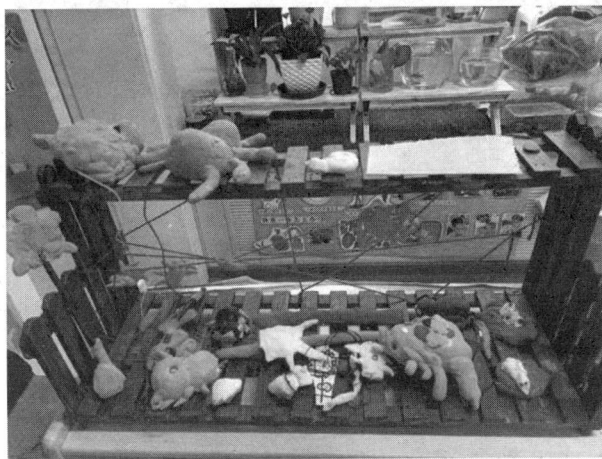

图 52

上，制作了蜘蛛网，把小蜘蛛安放在蜘蛛网上。"嗯，蜘蛛还会在山洞里。"子傲拿着彩泥做了一个大大的山洞，放在彩泥大树旁。于是，小蜘蛛住在了山洞里。"我还见过蜘蛛从树上掉下来。"子傲剪下一段绳子，一端用彩泥粘在蜘蛛的屁股上，在另一端的绳头也粘上了彩泥，把它放在最高的树杈上。吐丝的蜘蛛从高高的树杈上垂下来，生动极了。

【教师分析】

子傲对蜘蛛的兴趣持久而浓厚。他有自己的游戏目标，清楚地知道自己想做什么，所以才能持续在美工区与蜘蛛做游戏。他的内心世界新奇而丰富，会问许多奇奇怪怪的问题。他像一位探险家、研究者，不停地追问着答案。他的专心、专注源于对蜘蛛的兴趣和热爱。

四、蜘蛛家族捕食记

今天，子傲把五只大蜘蛛摆成了一个圈，在圈里放了两只用彩泥做的小虫子（图53）。"它们在干什么？"我好奇地走过去问。"它们在捕猎，这是它们的吃的。""蜘蛛是怎么捕猎的？""我知道啊，它们用网把虫子黏住。""对啊，现在虫子没被黏住是会逃跑的。""会变成蝴蝶飞走吗？""嗯，所以蜘蛛是围不住它的。"于是，子傲给小虫子装上了翅膀，逃离了五个蜘蛛的"围捕"。

图 53

【教师分析】

子傲的温柔表现在他会基于他了解的蜘蛛习性为蜘蛛寻找舒适的家；是他会帮助本应成为蜘蛛果腹之物的小虫子逃离蜘蛛的"魔爪"。这一切都让我意识到眼前这个专注于蜘蛛、好奇蜘蛛世界的男孩有着一颗云朵般柔软的心。

从不会做蜘蛛，到制作蜘蛛家族，再到把自己的蜘蛛作品与班级环境融合，再到自主设计蜘蛛捕猎的情景，子傲逐渐熟悉蜘蛛的外形与习性。从中，我看到了子傲的创造性。

【倾听家长】

尊敬的长安幼儿园中二班的全体老师：你们好！

我是子傲小朋友的妈妈，这段时间和老师一起参与构建子傲的蜘蛛世界，我的内心很受感触。老师们用科学的方法培养孩子的创造力，尊重孩子以自己的风格探索使用各种艺术材料，激发孩子的想象力和探索欲。老师们尊重孩子的兴趣和发展规律，通过一对一倾听让我读懂孩子的坚持，并在以后的生活中多关注呵护他的坚持性。

在这个温暖的大家庭里，子傲学会了思考、感恩、宽容、坚强、勇敢、坚持……这里包含着老师们太多的心血和汗水。送给全班老师一面锦旗"疼爱无微不至，关怀教导有方"，内心深表感激。感谢老师在孩子们幼小的心灵播下一粒爱的种子，爱我们伟大的祖国、爱父母、爱老师、爱同伴、爱小动物、爱自己……

案例反思：

1. 欣赏幼儿的想法，注重儿童视角。作为陪伴子傲游戏的同伴，我很开心可以和子傲一起查找蜘蛛的图片和资料，亲眼看到他创造出了一个庞大的蜘蛛家族。在这段时光中，我看到了子傲对蜘蛛的好奇和喜爱。看到他每天都来到美工区，做出很多不同样子的蜘蛛，它们有的背上有彩色的花纹，有的身上贴上了珍珠装饰。虽然每天都在做蜘蛛，但每天的蜘蛛都有不同的样子，它们都是独一无二的，就像子傲一样，是那么与众不同。同时，我也骄傲地看到子傲能专注认真地沉浸在制作蜘蛛这件自己喜欢的事情中。

2. 分析幼儿的经验，情感共鸣助成长。通过与子傲聊天，我发现他知道很多关于蜘蛛的知识，知道它们怎么捕食，知道它们的网从尾巴后吐出来。通过倾听家长，了解到他在家中通过很多不同的方式探索蜘蛛。子傲又是那么的温柔善良，温柔地为小虫子安上翅膀，让它逃离被蜘蛛"吃掉"的厄运，为蜘蛛建造了舒适的家。坚持而专注、喜欢探索和学习、温暖且善良，这些美好的品质都像金子一样汇聚在子傲的身上，并散发着柔和的光芒。也希望在之后的生活中，子傲能够保持这份坚持和善良，健康快乐成长。

3. 立足日常生活，发现幼儿的闪光点。在日常的活动中，我渐渐地发现子傲变得爱交流，能大胆地和老师同伴分享他独特的想法，也越来越自信，越来越开朗。我们也期待在班级中能听到子傲更多的声音和独特的想法，看到子傲更多的成长与收获。

💡 **管理思考：**

这篇案例让我们看到了子傲闪闪发光的品质。他有一颗云朵般柔软的心，他既像一位探险家，对世界充满了好奇，又像一位研究者，不停地追寻着答案；他能提出有自己思考的问题解决方案，并主动寻求帮助；他的兴趣持久而浓厚，有清晰的目的性、计划性和不放弃的坚持性；他的想法新奇独特，又充满了想象力和创造性……从家长的回信中，我们看到了家长有着与教师对子傲成长一样的感受与认同。

我们不禁追问，这些"闪闪发光"的背后又有什么样的故事？故事背后是可爱的中二班老师们一个多学期共同努力的过程，她们善于倾听子傲及班级中每一个孩子的想法，她们通过有意义的材料、环境和活动支持孩子们的想法，对于班级中每一个孩子，她们有聊不完而又能达成共识的话题……我们不仅能看到孩子们眼里好奇的、兴奋的、成长的光芒，还能看到老师们交流孩子们时眼里自然流露出的时而思考、时而惊喜的光芒。愿在这些专业成长的幸福光芒中，老师和孩子们一路向阳，同生共长。

千里之行，始于足下！这是青年教师雪薇第一次通过倾听观察的形式进行家园沟通的尝试。我们相信，在园所儿童视角的生活美育教研引领下，我们会看见幼儿的力量，我们的家园沟通会越来越关注细节、越来越专业、越来越有效！

（余　燕）

案例八　记录秋礼

班级：大班　教师：黄湜恩

🐦 **案例背景：**

幼儿园"秋天的礼物"活动开展得如火如荼。即将接近尾声的时候，孩子们兴奋地找到我，说："黄老师，您能帮我们录像吗？我们太喜欢了，想给老师们、爸爸妈妈们看一看，作为留念！"看着小朋友们手舞足蹈的状态，我立即拿起照相机走进活动现场，将精彩片段拍摄下来，满足小朋友们拍摄《秋天的礼物》纪录片的愿望。

🦋 **案例过程：**

当我走进大三班时，孩子们全都围过来，热情地邀请我参观他们的展览。我问："大三班的秋礼太吸引我了，谁能给我介绍介绍你们的展览呢？"孩子们转过头看着琳琅满目的展览，都想介绍他们的游戏。这时候，玺程站了出来，说："我来，我来介绍秋愿。""谢谢玺程，你准备好了我们就可以开始了。"玺程点着脚，两个小拳头也紧紧地攥在一起。我拍了拍他的肩膀说："没关系，别紧张，你一定行。"

玺程开始看着桌子上摆放的笔墨纸砚，嘴里小声说着什么，一手向下抚摸胸脯，一手拍了拍我的肩膀，嘴里向外吐气，说："黄老师，可以开始了。"我准备好，将镜头推近。"大家好，我是大三班的小朋友，这是我们班的秋礼活动。小朋友在这可以许下愿望，有毛笔，还有水彩笔，是写愿望用的。"一旁的小朋友急切地用手指了指旁边的桌子，玺程开始有些紧张，"还可以写甲骨文。"说完，轻轻地拿起了甲骨文的书，用手指认真地指着书里的内容说："这就是甲骨文。这就是我的介绍。"我马上为玺程鼓掌。"谢谢玺程，介绍得很清楚，有小朋友来的时候，希望你能详细地介绍给他们。"我走到他身边，问："玺程，你有什么愿望呢？可以和我分享吗？"他抬了抬头，嘴角上扬地和我说："今年有一个周末，爸爸妈妈带我去看了红叶，明年我还想去看，红叶实在是太漂亮了。""希望你的愿望能实现哦！我也有个愿望，你刚才讲得很清楚，相信玺程下次能克服紧张，大胆自信地介绍。"

接下来，亦欧高高地举起了手，马上站了出来，说："我来介绍汉服吧。""亦欧准备好了没有？"亦欧兴奋地点点头。我马上将镜头推近，给了一个可以的手势。"这些汉服都是古代的，穿上就有古代的感觉，和我们现在穿的衣服不一样。这些汉服有男生的，也有女生的，它们有很多的不同，男生穿的汉服装饰是竹子，女生穿的汉服装饰是小花。"我问："汉服和我们的衣服不一样，那汉服怎么穿呢？"亦欧说："如果有别的班的小朋友来了，我可以给他们讲一遍，或者帮助他们换装体验。男生的和女生的不一样。""真的太棒了，看来你已经非常了解汉服啦！"这时候，有小朋友走过来体验，亦欧兴奋地邀请他们参观展览，热情地为小朋友们准备汉服。

【教师分析】

秋礼活动从准备到展览，都来源于幼儿的兴趣，幼儿是游戏的主人，设计的此次展览活动。在记录过程中，我发现了孩子们的热情，虽然只有两位小朋友站出来表达，但是在走进大三班的时候，每一位小朋友都热情高涨，让我感受到幼儿对这个活动的欣喜与付出。

玺程是个善于表达、爱动脑筋的孩子，他的小脑袋里总是装满了各种奇思妙想。他总能积极参与日常活动，大胆表达自己的想法。他对绘画非常感兴趣，他喜欢用绘画的方式来表达自己的所思所想。在秋礼的活动中，他也能够表达自己的愿望，通过绘画、前书写的方式来记录愿望。

亦欧是个非常积极主动的小朋友，在日常活动中总是能看到她积极参与的身影。在秋礼走秀的表演中，亦欧负责挑选和整理走秀音乐，她能够根据小朋友走秀的动作和服装有针对性地筛选音乐。在汉服体验展示的活动中，她提前预设小朋友可能会遇到的问题，用自己的经验来帮助小朋友参与完美、难忘的汉服体验活动。

案例反思：

作为一名职初期教师，我观察孩子的角度不全面，对孩子的行为不够了解。通过跟孩子们的接触，我感受到他们真的是在一日生活中学习和成长的，他们有自己独到的见解，很多时候并不是他们的思维简单，只是受限于语言表达能力，很多想法不能准确地表述，但内心活动极为丰富。我想抓住孩子每一个细小的思维过程，引导孩子全方位地成长。就像这次拍摄，简短的交流让我感受到大班孩子的语言能力正在从稳定阶段向拓展阶段发展，从用简单句概括事物特征，到准确地运用名词、形容词等。同时，我也认识到教师的反馈是多么重要，要让孩子感受到你对他表述内容的理解与反馈。在我们和孩子进行语言交流的时候，其中很重要的一项就是反馈，是能让双方感受到的反馈，无论是表情、肢体动作还是语气词，都有很好的反馈效果。当收到反馈时，孩子们就能从沟通中收获成就感，让沟通变得更加有温度，从而获得语言能力的发展。

阅读思考：

通过阅读黄老师的案例"记录秋礼"，我感受到老师对幼儿的包容、理解和支持。孩子们的微小动作、只言片语都被黄老师细心地捕捉到。黄老师会用欣赏与肯定的方式与孩子们交流，"你一定是想用最完美的语言、最好的表情状态去介绍自己班里的活动。"相信孩子们听了这句话也一定备受鼓舞。真正地相信孩子，相信他们是有能力的，这是我在工作中要像黄老师学习的。有时太迫切地想要孩子获取某些能力，理解某些事物，会选择过早介入，以教师视角替孩子做决定，没想到却剥夺了他们自主学习的机会，这是我需要反思和调整的地方。

黄老师在案例最后提到了反馈，重要的是孩子和教师要互相感受到反馈，无论是表情、肢体动作还是语气，都可以是反馈的途径。当收到反馈时，孩子们就能从沟通中收获成就感，让沟通变得更加有温度。日常生活中，幼儿的一次询问、游戏后的分享、生活上的一个行为……教师积极地进行反馈，建立彼此的联系，让一对一倾听更加自然，流畅地贯穿于生活的点点滴滴。黄老师的案例给了我很大帮助，也为我提供了一些可操作的方法。今后我也会用肯定与赞赏的眼光来看待孩子的行为与游戏，倾听儿童，用儿童的视角尊重他们发展的规律。

（曹景然）

　　阅读完黄老师的案例，我感受到了黄老师的智慧和细心，她能够捕捉到孩子的一言一行、兴趣点，鼓励孩子在探索中发现，在发现中学习。更难能可贵的是，黄老师对待孩子如同珍宝，耐心倾听他们的声音，细心观察他们的需求，用爱心和智慧来进行有温度的对话与互动。黄老师的案例反思让我看到了一名青年教师对自己的要求和卓越的能力，更感受到黄老师对教育的真诚态度。在教育这条路上，每一位老师都是探索者，我希望以后能与黄老师共同学习、成长！

（刘英敏）

案例九　冰场游戏诞生记

班级：大班　教师：刘天汇

案例背景：

　　一天户外游戏的时候，孩子们发现门口角落里和屋檐下滴水的地方有冰块。他们试探着伸出小脚滑一滑，兴奋地大喊着："要是我们能有个冰场就好了""幼儿园如果能有冰场简直太幸福了"……面对地上的冰，教师从教育视角出发，首先是担心幼儿的安全。而幼儿是好奇的、好玩的，如何满足幼儿游戏的兴趣和愿望，同时把安全教育的视角转化成幼儿的需要，是我和孩子们共同面临的挑战。

案例过程：

一、冰场大讨论

　　教师：大家很喜欢地上的冰，有小朋友提出想要建一个冰场，你们去过冰场吗？

　　子琳：我在什刹海玩过，可一定要戴帽子、围巾、手套，穿的厚，摔了也不疼。

　　宗恩：滑的时候一定要慢一点，不然很容易摔倒。

　　教师：小朋友们这么有经验呀，说了很多保护自己的好方法。那我们把冰场建在哪里呢？

　　我和孩子们在幼儿园里寻找建冰场的场地，孩子们纷纷发表不同的观点。

　　弟弟：建冰场需要一个大的地方，不能太小。

哥哥：建在大操场上，地方大。

梦瞳：不行，大操场都是中班的小朋友，他们很容易摔倒。

小美：放在大操场上，保安叔叔、保洁阿姨都会路过，他们很容易摔倒的。

樾霖：建在班门口吧！

谦谦：可以建在我们班门口的小操场里面。到时候可以做个围栏，告诉大家注意安全。

小朋友非常同意谦谦的想法，决定在小操场建冰场。

【教师分析】

1. 幼儿有在冰上保护自己的经验，如穿厚衣服，戴手套、围巾、帽子，在冰上慢一点。

2. 幼儿在冰场的选址、设计上有自己的思考，还能关注和关心身边的人。如保洁阿姨、小朋友方便走的位置，要有围栏，要固定位置。

3. 通过与幼儿对话、追问，调动幼儿原有经验，引发幼儿思考，既满足幼儿自主游戏的需要，又将教师对于安全的担心转化成幼儿自我保护的需要。

二、 制作冰场

小朋友开始寻找小喷壶、大水盆、纸杯等容器装满水，泼在操场的地板上，满心地期待结果。户外活动时，小朋友小心翼翼地用手摸、用脚滑，惊喜地喊："冰场制作成功了，已经可以了！"小美喊："不行，你看，踩过的冰都碎了！""是不是因为时间太短了？之前冻冰花要用一个晚上的时间，才变得硬邦邦的！"睿睿说："我觉得是气温不够冷，出太阳就会化。"乐珲说："现在都是零度以下的温度，妈妈说零度以下就能成冰。"我问："冻冰和时间、温度到底有没有关系？怎么才能知道？"于是，孩子们收集不同容器进行实验。

离园时，小朋友发现大容器的水只有上面一层结冰了，底下都是水；小容器里面的水基本变成冰沙了，最底下是水。小朋友反思自己制作的冰场，虽然表面看上去结冰了，但实际上可能没有完全冻上，冰场太大，底下更不容易结冰。考虑到时间，小朋友决定第二天再看。

到了第二天，小朋友发现昨天容器里的水都变成硬邦邦的大冰块了，由此得出结论：冻冰和时间长短、温度高低、场地大小都有关系。如果想要变成硬邦邦的冰，下次做冰场的时候可要注意了。孩子们问："那幼儿园什么时候温度最低？怎么才能知道呢？"然然把天气预报温度计拿了出来，连续两天都去观察，得出结论："我发现早上来园、晚上离园的时候温度最低，最适合泼水，中午的时候温度会升高。"

【教师分析】

1. 幼儿知道水在温度低时能结冰。因为冰面破碎，幼儿大胆猜想、实验、观察、验证，得出冰的结实程度和温度、时间、场地大小都有关系。

2. 幼儿能够迁移班级天气预报、温度计的游戏经验和冰场游戏建立联系。

3. 教师通过提出开放性问题，如"冻冰和时间、温度到底有没有关系呢？我们怎么才能知道？"鼓励幼儿积极思考，并收集不同容器进行实验观察。

三、冰场再建造

孩子们尝试第二次建冰场，但在冻成功后，冰面再次裂开。"是不是因为太薄了？我去过什刹海，他们的冰场不会坏，是很厚的。"成成说："我们的操场会往下漏水，泼完就会渗下去一点。"我问："那小朋友想一想，我们的冰场可以怎么变厚呢？"这时子渔拉着小朋友去房檐下，发现屋檐下的大冰块到现在还没化。子渔说："房檐上面一直往下滴水，有一层冰它就又滴下来了，就有厚厚的冰，一层盖一层的。"成成说："房檐底下也是地板，可能泼水不够，我们多泼一点。"小朋友纷纷点头，认同子渔、成成的观点。于是大家立刻开始第三次制造冰场。老师、小朋友们都静待着冰场的建成。

【教师分析】

1. 幼儿将观察房檐滴水成冰的生活经验运用到冰场游戏中，让冰场变厚。

2. 兴趣是幼儿活动最强的内驱力，经历两次失败后仍能不断思考、调整游戏。

3. 教师适当追问，启发幼儿深度思考，引向问题的探究和解决。

四、好玩的冰上游戏

早上孩子们来园，厚厚的冰在他们面前形成。冰面越来越厚，光滑、坚固。经过两天的努力，孩子们第三次的探究终于得到了成果。孩子们迫不及待地上去滑了起来，边滑边说："我们的冰场建好啦！"

冰场建好后，孩子们进行了丰富多彩的冰上自主游戏。他们寻找轮胎，玩起了冰上碰碰车，两个小朋友一组，自由地在冰上打转儿滑动；将不倒翁圆盘系上绳子，做成冰车，你拉着我，我拉着你；坐在水盆里用脚滑动，比一比谁滑得快；用小的容器冻冰花；用树枝和球玩冰球大作战……

好玩的冰上游戏还吸引了其他班的小朋友来参观和体验，欢声笑语回荡在幼儿园中。他们在冰上开心地游戏，享受游戏的成功与乐趣。

🌷 案例反思：

1. 倾听儿童，立足儿童视角，冲破固有思维。身为教师，保护幼儿的安全是职责。幼儿最初提出制造冰场的想法时，我的心里是非常担心的，担心幼儿在冰上出现危险。但最令我意外的是，儿童把我认为的危险环境看作游戏的乐园、探究的乐土。当孩子们看到冰时，不仅不想铲碎，还想建造冰场进行游戏，打破、颠覆了我的原有思维，让我发现孩子们的真游戏，并调动原有经验，实现教育视角和儿童视角的融合与转化。

2. 学会等待，自主解决问题，在探究中积累经验。经历两次失败，孩子们在每一次失败中都展现出惊人的思考能力和勇气，逐步实现深度学习。孩子们一步步尝试、一次次探究，知道了水在零度以下能够结冰；冰的结实程度和时间、温度、场地大小都有关系；能够迁移天气预报，使用温度计；将生活经验、观察周围环境的经验运用到自己的游戏当中，直到把冰场建到他们认为适宜的程度。看到幼儿自主学习、探究，我发现教育要学会等待，不能操之过急。

3. 感动于儿童是有创造力、有能力、有智慧、有力量的个体。从小冰块引发、生成孩子们自己的自主游戏活动。在游戏中，孩子们不仅关注水能成冰的科学知识，而且在游戏中展示更多元的学习，如自主设计游戏，与同伴协商规则；失败后不断调整尝试……孩子们在不知不觉的玩乐中获得多元发展，助力幼小衔接。

在冰场游戏的开始、过程、结束，小朋友都有很多话想说。小美说："冰场游戏太好玩了，在幼儿园渡过了一个不一样的冬天。"梦瞳说："看到弟弟妹妹都想来玩，我们很自豪，因为那是我们自己想办法冻出来的冰场。"谦谦说："冬天里能玩到这么有意思的游戏，我太开心了。"作为老师，我也作为游戏者沉浸在冰场游戏中，感受着童年的快乐。

阅读思考：

阅读完这篇案例，我惊讶于幼儿自发的想法和游戏行为。在前期关于冰场讨论、动手制作冰场的过程中，幼儿已经了解到光照、温度与冰之间的关系，而这些经验正是幼儿在持续的游戏中获得的。同时，幼儿在与环境、材料、同伴的充分互动中，开动脑筋，大胆尝试，不断积累经验，形成受益终身的学习态度和能力。

同时，教师能够基于幼儿自身的滑冰经验，大胆放手让幼儿深入探索、亲身体验、创新玩法，有些玩法甚至带有一定的冒险性。在这个过程中，幼儿表现出了他们的想象力、创造力和勇气。

让教育回归真实的生活，让幼儿回归自然的环境。教师能够满足幼儿游戏的兴趣和愿望，利用现实生活中的环境资源，把视角转化成幼儿的需要，让幼儿接触到自然、真实的冰场。冬季和冰的完美融合也激发了幼儿对冰上游戏的兴趣，孩子能寻找并运用身边不同的材料和工具，尝试在冰上进行游戏，玩得不亦乐乎。整个活动中，幼儿在充满自主感、自由感的真游戏环境中得到发展。

（诸葛坤）

案例十　我羡慕小草长得高

案例背景：

我们班有一位丁丁小朋友，在班里，小朋友们总是拿他当小弟弟一样帮助他、关爱他。丁丁穿反了衣裤，马上就会有小朋友帮助他换好；丁丁心情不好了，也会有小伙伴来哄他安慰他；丁丁在跑步竞赛中跑得慢，小朋友更会为他加油鼓励。在班中和家中，丁丁是被老师、小朋友和家长呵护的一朵小花。

案例过程：

一、我羡慕小草长得高

在一次交流中，孩子们讨论了什么是嫉妒的情绪。他们将自己生活中遇到的嫉妒的事情用绘画的方式表达出来，并说出了自己的心情。在绘画自己的心情时，我发现丁丁的作品非常与众不同。他在洁白的纸张上用黑色的笔画了一排短小的弯曲的竖线，之后再无其他。他画的到底是什么？

【倾听幼儿】

带着疑惑，我想一探究竟。我低下身问："丁丁，你能告诉李老师你画的是什么吗？"丁丁眯起眼轻声告诉我："我画的是小草。""哦？为什么画小草呢？"我更加疑惑。丁丁认真地说："因为我羡慕小草长得高！"当时我真的非常吃惊和不解，这让我更想了解丁丁内心真实的想法和感受。我抚摸着他的头问："丁丁能和李老师说说你为什么羡慕小草长得高吗？"丁丁微笑着说："我羡慕小草长得高，是因为它们岁数大。虽然它们不那么高，但是岁数很大呀。"我问："那你觉得小草几岁了？"丁丁想了想说："树都好几千岁了，小草 50 多岁了吧。"我被丁丁的话逗乐了，笑着说："丁丁的想法太有趣了，你是羡慕小草岁数大呀。那你一定非常喜欢小草吧？"丁丁歪着小脑袋认真地说："我很羡慕小草，因为它长得高，但是我不想当它，我想当人。我想像小草一样，快快长大。"丁丁的回答让我为之一振，我追问："丁丁为什么那么想快快长大呢？""因为那样我就能自己生活了。"我赞许地说："丁丁真是个懂事的男子汉！"被我一夸，丁丁更加神采奕奕，稚嫩的小脸上写满了幸福与自豪。我仿佛在他明亮的眼睛里看到了渴望快快长大的光芒。

【教师分析】

在与丁丁的聊天中，我终于读懂并理解了他。丁丁羡慕小草，希望自己能像小草一样快点长大，长成独立、有能力的男子汉，这样不但自己能快乐地生活，还能照顾身边更多的人。丁丁内心的世界是如此美妙和丰富，他的想法同样富有哲理，他看待事情的角度那么独特，能用一颗柔软的心去对待这个世界。他对小草没有嫉妒，只有羡慕和渴望。虽然在别人眼里，小草娇小，不美也不高，它们毫不起眼，但是丁丁却看到了不一样的小草。我相信丁丁一定会成为一个有担当、有责任心强的男子汉。此时此刻，我真想对丁丁的妈妈说："您有这样暖心的儿子是多么令人感动和骄傲的事情啊。"

带着这份理解和激动，我与丁丁的妈妈及时进行了沟通。我将孩子的真实想法写成了故事分享给丁丁妈妈，并巧妙地把丁丁与我的对话编辑成小散文进行配乐录音。当丁丁妈妈看着我为孩子写的小故事，听着我为孩子录下的散文音频时，激动地流下了眼泪。在与丁丁妈妈的沟通中，我们达成了教育的共识并形成了合力：老师和家长要改变对孩子的观察视角，与孩子一起感受想要独立成长的心情，尊重、理解、接纳并支持孩子。

附：散文《我羡慕小草长得高》
作者：丁丁　李老师

我羡慕小草长得高，因为它长了一千年了！虽然它们不那么高，但是岁数很大，因为树都好几千岁了，小草也得 50 多岁了吧。

我很羡慕小草，因为它长得高，但是我不想当它，我想当人。我想像小草一样，快快长大。因为那样我就能自己生活了。小草是过了几个月就长大了，我也想过几个月就长大，长到 30 多岁，像妈妈那样 38 岁的年龄，我就可以帮姐姐了。我希望我在家里能做事，能自己随意地做饭，能工作，能随意调整家里墙面上的画，因为它已经需要修补了。

我家的院子里和屋里种了白菜、茉莉花、花生、蚕豆和豆芽。豆芽一天就长这么高，豆芽没有土也能长得高。

我想像小草一样，快快长大！

二、丁丁在成长

带着一份期待，用欣赏的眼光，以儿童的视角再去观察丁丁，我开始认识一个全新的丁丁，即一个有能力、爱思考、敢挑战、不怕困难的丁丁。当我细致观察他的时候，我发现丁丁在游戏过程中非常具有探索精神。他在玩颜色块玩具的过程中，从对这个玩具不了解到大胆尝试再到逐步掌握这个玩具的玩法和要领，他一次又一次地去研究和思考这个玩具。在整个过程中，丁丁始终没有放弃，而且持续地对这个玩具有兴趣。现在他已经能够连续闯过二十多关，成为这个游戏的佼佼者。而且丁丁也愿意在小朋友玩游戏遇到困难的时候主动帮助他们，为他们讲解并提出自己的建议。在他的眼神中，我看到了自信和笃定。在户外游戏时，我观察到丁丁连续两周都在认真地研究圆板颠球的游戏，他在探索怎样能使球颠得又高又能接住。在丁丁坚持不懈地努力练习下，淘气的小球早已被征服成了丁丁的好朋友。与此同时，丁丁的家长也在教育中转变了视角，调整了自己的教育行为，在生活中努力为孩子创造机会，让他去尝试、去体验、去挑战，从心里相信孩子做得到、能做好，相信孩子是充满力量的学习者。

【教师分析】

在一次次的观察中，我深深地感受到了丁丁身上的光芒与力量，因为那是来自丁丁身上专注、认真、坚持不放弃、乐于助人、勇于尝试探索的优秀品质啊。丁丁做的每一件小事都让我们看到了他的成长。他在不断的磨炼中变得强大而自信。老师和家长共同为丁丁感到骄傲和自豪，并且愿意不断地追随孩子的成长为他加油助力。相信丁丁一定会像小草一样不屈不挠，不怕困难，勇敢面对生活的挑战，不断地成长和进步，也相信丁丁的未来会充满活力，充满梦想，充满希望！

【倾听家长】

感谢李老师！真是太美了，李老师为丁丁朗诵的散文真的好动听，我听得心里充满温暖和感动。特别感谢您能耐心跟孩子聊，能了解到他们的内心世界，连我这个做妈妈的都没有听过他这些见解，真的挺有趣的！我觉得这是对孩子特别好的记录，感恩李老师。丁丁一连听了两遍，听得特别开心。我刚给他打了个电话，他还在笑。他说老师听懂了他讲的故事，他特别开心，希望妈妈也能听他讲这些故事。真要谢谢老师的提醒，可能我也该好好听听他说的话了。爸爸昨天晚上回来听了也特别感动，他说我们都没有了解到丁丁想要独立的愿望，觉得儿子真的长大了。感谢李老师的用心！

🌷 案例反思：

丁丁的成长故事让我有了深深的感悟和思考：教师要有一颗能够细腻感受儿童内心世界的心。用儿童的眼睛去观察，用儿童的耳朵去倾听，用儿童的大脑去思考，用儿童的兴趣去探索，用儿童的情感去热爱，用儿童的心灵去读懂他们。

家庭是幼儿园的重要合作伙伴，共同担负着促进幼儿身心健康发展的重任。作为教师，我们有责任引导家长树立正确的教育观念，掌握科学的育儿方法，优化家庭教育环境，提高家庭教育水平。通过与家长的沟通交流，携手为幼儿的成长与发展做出最大的努力。

💡 管理思考：

看完故事，我心潮澎湃。其实我们之前一直说要解读儿童，不敢说读懂儿童，因为我们不是孩子，不知道孩子怎么想。这篇故事，燃起了我的自信，让我觉得我们虽然不能做到完全懂孩子的所有行为，但是只要我们用心去观察儿童，通过实际生活中幼儿的多种表现，结合幼儿的生活背景去解读儿童，真的可以实现"我懂你的欢喜"。

丁丁绘画了一排小草，从艺术评价的角度来说并不是那么完美。他说羡慕小草长得快，希望快快长大，在帮助家人做事的同时可以自由、自主地做更多的事情。教师通过与家长交流，也帮助家长认识到了自己孩子的需要，完善了家庭教育的内容。最动人的是，孩子对妈妈说"老师读懂了我的故事"这句话，真的让我们感受到了观察的力量、故事的魅力、教育的意义。感恩李老师的细致观察、智慧分析和倾情梳理，让我们看到了一位有经验的教师的专业性，对我们的观察与故事梳理起到了引领作用。期待更多的老师梳理出精彩的故事。

（罗琳月）

案例十一　门前的银杏树

班级：大班　教师：曹艺凡　张晓玉

案例背景：

陈鹤琴先生曾经说过："爱自然是儿童的天性，自然界是幼儿园最好的教室。"幼儿喜爱在户外探索与游戏，幼儿园的树是大自然的一部分，是每日陪伴在他们身边的"伙伴"。户外活动时，后排做操的小朋友闻到了一股不一样的味儿，孩子们纷纷捂起小鼻子："这是什么呀？怎么这么臭！"随着气味，我们一起找到了答案——树下的果子。"这是银杏树。"小丁说。原来散发味道的正是从银杏树上掉下来的果子。

案例过程：

一、为什么它是臭臭的？

银杏果为什么这么臭啊？几个小朋友好奇地捡起地上的果子，捂着鼻子看着它。梓熙说："这个果子里面有核，就是核让它变得特别臭。"于是，孩子们捡起一个银杏果，洗干净后剥掉果肉闻了闻，团团说："不是果核臭，是果肉臭！"

孩子们把果肉和果壳分开，发现了银杏果肉里面硬硬的核，问："里面还有什么吗？"有孩子提议找食堂叔叔帮忙，因为他们有力气，还有菜刀，说不定能打开硬硬的核。于是孩子们找到食堂叔叔帮忙。果核打开的一瞬间，一个白色的小果子出现了。食堂叔叔对孩子们说："你们知道这个里面是什么吗？"孩子们摇了摇头。食堂叔叔继续说："这里面是白果，白果里面还有东西呢。把它这个外面的硬壳剥掉可以做汤喝，也可以炒着吃。"果然，里面还有一个白白的、软软的果核。煊煊捧着这来之不易的果核带回班级里，和她的好朋友们一起分享。银杏果再也不臭臭的让人不敢靠近了，这个小小的果核才是孩子们发现的真正的宝贝。

团团说："可是，为什么银杏果的果肉会有这么臭的味道呢？"萱萱说："银杏果臭是为了保护自己不被小虫子吃掉。"我提出了一个问题："是每个果子都会散发出味道吗？是每棵树都会这样保护自己吗？"

【教师分析】

孩子们借助生活资源了解了银杏果的内部结构，找到了发臭的"元凶"。教师在过程中充分给予幼儿动手探索与寻找答案的机会，也在前期了解了银杏发臭的真正原因，做幼儿游戏与活动中的支持者与引导者。当幼儿对于臭味有了自己的解释时，教师用新问题引发幼儿思考，并鼓励幼儿回到家中和爸爸妈妈一起讨论和分享。我们还一起走进大自然中观察幼儿园其他有果子的大树。借助家长资源和幼儿园现有资源，拓展幼儿对树的认识。

二、恐龙还存在的时候它就出现了！

果子臭臭的，不会被吃掉，这样才能活得久。通过视频，我们了解到银杏树是被称为活化石的植物，恐龙和它同岁。有的小朋友就提出了新的问题："为什么它可以活这么久呢？""是因为臭臭的味道，让动物不愿意靠近它，没有被吃掉就可以活得很久了吗？"这也让孩子们想起了生活中一些植物的果实或树皮树干的结构，不同的植物有不同的生长环境，都是它们选择的生存方式。

【教师支持】

1. 充分给予幼儿接触自然的机会，再次走到大自然中去收集银杏果。

2. 为幼儿提供丰富的材料和适宜的工具，让幼儿动手探索银杏果的内部结构与臭味的来源。

三、银杏果的爸爸在哪里？

孩子们提出想要再次对银杏树进行观察，于是教师和幼儿一起走到户外进行分组观察。突然小小说："这就是银杏果的妈妈吧，是大树把它生出来的，就像我们的妈妈把我们生出来一样。"小丁问："可是，它的爸爸呢？"

新的问题产生了，小朋友们想要帮助银杏果找到爸爸。第二天，成成带来了几片裂口更大的银杏叶："你们看，这是我在幼儿园外面捡到的，它的裂口更大了，和幼儿园里的不太一样，而且它没有长出小果子。昨天我问了爸爸，是因为银杏树分雌雄，就像我们有男孩女孩一样。"小朋友们更加好奇了。所以他猜测，幼儿园银杏果的爸爸就是外面的这棵树。

【教师分析】

幼儿的问题是随机生成的，这次对银杏树雌雄的发现来自一次实地观察。孩子们将自己的想法与同伴分享。探索—思考—记录—倾听—新收获，在一次次的循环中，孩子们收获的不止有问题的答案，更是一次次探索的经历。成成带来的叶子也让小朋友们更加相信，幼儿园里的是银杏树妈妈，因为它的叶子开口要小一点，雄性的叶子开口更大。孩子们还知道，雄银杏树会在春天开花，雌树会有小花苞。大家说等来年春天再去看一看。

【教师支持】

1. 支持幼儿在探索的过程中积极动手动脑解决问题，支持幼儿的大胆联想，比如猜测银杏果的爸爸是谁、观看银杏树雌雄授粉的视频。

2. 通过拍照和画图等方式记录自己的发现，倾听、鼓励幼儿进行表征。

3. 引发幼儿在探索中思考，尝试进行简单的推理和分析，召开儿童会议，用问题引发幼儿讨论雌雄银杏树的辨别方法。

四、来年春天又见你

顿顿从幼儿园门口的那棵银杏树下发现了很多像毛毛虫一样的小穗穗，放在了班级中的植物角。他还捡了一些绿色的小银杏叶。小朋友们想起这就是银杏爸爸的花朵，那么银杏妈妈的呢？我们决定再去看一看。经过寻找，我们看到了小花苞。孩子们一起开心地欢呼，幼儿园里的是银杏妈妈！我们之前猜对了！

【教师分析】

1. 幼儿对于银杏树依旧存在好奇心与探索欲，能够在来年发现它的新变化。

2. 愿意将新发现与同伴进行分享，并一起收集与观察。

3. 通过前期对银杏树的观察，能够有自己的猜测和进一步的想法。

【教师支持】

1. 肯定幼儿的新发现，鼓励幼儿将新发现与同伴共享。

2. 鼓励幼儿在自然中探索，提供收集盒、望远镜等工具。

3. 结合季节变化，引导幼儿持续关注、观察植物的生长变化和周期，发现银杏树的雄花和雌花的特点。

案例反思：

教室门前的这棵银杏树和孩子们朝夕相处。我们与银杏的故事缘起于臭味，面对这样一股不好闻的味道，随之而来的是孩子们的好奇心。在一次次的观察探究中，我发现每一个孩子都有自己独特的想法，有的兴趣相投，也有的观点独特。

1. 幼儿对银杏树的好奇及生活经验的迁移，引发同伴和教师共同探索幼儿园的银杏树，获得与银杏树相关的知识经验。

2. 幼儿的科学认知探索活动需要持续的观察、分析、验证过程，秋天的好奇延续到春天的观察、验证，在幼儿心中播种了科学素养的种子。

3. 教师一定要对幼儿的好奇保持敏感，支持幼儿多种方式的探究过程。

阅读思考：

"门前的银杏树"是一个由幼儿生成的活动。每个孩子心里都有自己想说的话、想做的事，我们看到孩子们因为自己一次又一次的新发现，不断提出新的问题，产生新的猜想，用自己的方式去寻求答案、得以验证。过程中，孩子们表现出好学好问的良好学习品质，让活动更加有目的性、计划性与挑战性。教师在幼儿园课程研究的引领下，能够放慢脚步，关注幼儿的兴趣与发现，用心去倾听和记录幼儿的每一次表达，并尝试分析和更好地回应、支持幼儿，使幼儿成为活动的引领者。

整个活动不仅让幼儿了解了银杏树的生长、变化和作用，而且利用多种资源让幼儿在发现、探索、操作和感知中了解植物。通过幼儿园的环境资源，幼儿了解了更多生命与自然的知识，懂得了尊重和保护自然的重要意义。在日常生活中，也更加关注身边的动植物，会更加有爱地保护它们，理解每一种植物都有它们自己的生存方式和价值。

通过活动中的记录和思考可以看出，教师在追随幼儿、倾听幼儿、放手幼儿，让他们能够主动追随大自然的脚步去了解、去发现，在快乐的自然活动中锻炼观察力与思考力，同时更加深入地了解和感受银杏树的魅力。作为幼儿学习的支持者，我们也要深入思考每一次对幼儿回应的有效性和支持性，每一次的参与与提问是否引发了幼儿更多的思考，是否促进了幼儿兴趣的延伸，是否帮助幼儿形成了完整的经验。

（贺璐欣、罗美佳）

案例十二 北京天安门

班级：大班 教师：曹景然

案例背景：

国庆假期，幼儿在班级群里分享在天安门看升旗的照片，于是，关于天安门的话题一直讨论到开学。回到幼儿园后，孩子们想要利用班级的积木搭建天安门。他们积极地投入游戏中，搭建持续了两周。我们把游戏分享给家长后，家长非常支持，利用周末带幼儿近距离观看天安门，鼓励幼儿用拍照、绘画等方式记录天安门的样子。于是，教师与幼儿共同开启了搭建之旅。

案例过程：

一、天安门搭建启航记

小凯、小凡、熙熙吃完早饭，兴致勃勃地开始搭建之旅。小凡拿出带来的天安门照片和自制图纸，其他两个小朋友帮忙去拿积木。他们先用长条积木围封了第一层，然后用砌砖式方法四面叠高。封顶时，小凡先是竖向间断铺上长积木，再横向无间断铺满封顶。

【倾听幼儿】

小凡：没有长积木了，中间放点积木才能把上面铺满，我见过有的建筑就是这样的。

教师：你发现最长的积木也不能封顶，所以用间隔摆放的方法帮助封顶，是吗？

小凡点点头说：是的，而且这样很稳，刚才小凯坐上去都没问题。

教师：你们搭得真的很结实呀。

幼儿都点头说：对，我们要搭又像又结实的北京天安门。

搭建中，幼儿会时不时地停下来观察照片，对照着照片寻找积木材料，用拱形积木、半圆形积木、长条积木、圆柱形积木、三角形积木等共同搭建金水桥和拱形门。

小凯：第二层有柱子，我们可以用圆柱积木当柱子。

小凡：我们数数有多少吧。

熙熙：前面十根后面十根，一共需要二十根柱子！

于是，大家分工合作搭建天安门的第二层。

【教师分析】

1. 幼儿经验。幼儿有基础砌墙叠高、围封、两点支撑的经验，并将其经验迁移到建构屋顶上。幼儿积极游戏，有较好的社会交往能力，能够分工合作进行搭建。幼儿运用已有经验在封顶阶段利用两点支撑、间隔支架的方法，帮助其满足无缝隙封顶的想法。

2. 教师支持。教师通过关键提问、重复幼儿语言等方法帮助幼儿完整表达及梳理经验。例如，"都能坐上去当椅子了，又结实又稳"。幼儿在之后的搭建中更加关注搭建的稳定性。其中，还仔细地数出天安第二层柱子的数量，对天安门结构有了更深入的了解，空间认知能力、计数能力得到发展。

二、怎么搭天安门的房顶呢？

第二天，小凯带来了天安门模型，仔细观看后，用最小的圆柱形积木间隔围了小圈，再在上面放薄的长条积木。

小凯：天安门的房顶像个大三角形，两边是斜坡。

小凯边说边找来三角形积木，摸着它的长边说："对，就像这样的三角形积木可以当天安门的房顶，两个拼一起就行。"

小凯邀请老师加入游戏，老师听从幼儿的指挥负责运送积木。小凯将大斜坡三角形积木的短边相对，拼成房顶的样子放在上面（图54）。突然，熙熙说："老师，没有薄长条积木了。"

小凯：用这个，两个短的薄积木拼一起就可以了。

熙熙：真是个好办法，那中间还需要小圆柱形积木作支撑。

图 54

【教师分析】

1. 幼儿经验。幼儿有初步的空间感知能力，知道将柱子按照规律前后对齐摆放；建立了立体图形关系，将两个三角形结合变成大三角形来表现屋顶的斜坡；知道利用环境资源借鉴搭建方法；有良好的社会交往能力，能够听取同伴的意见并给予鼓励，如当小凯提出办法时，熙熙会表扬肯定。

2. 教师支持。提供环境帮助，将游戏主导权交给幼儿。

三、积木少了怎么办？

过了两天，幼儿继续搭建房顶。用完了全部的薄长条积木，幼儿就用厚长条积木在两端对称放。

熙熙：大斜坡三角形积木也用完了。

小凡：用长方形和小三角形。

接着长方形积木用完了。小凯就将两个正方形拼成长方形（图 55）。不一会儿，全部的小三角形也都用完了，只剩最小的三角形积木和小圆柱形积木了。看到幼儿犯了难，老师拿着剩下的积木在一旁拼拼摆摆，不断尝试着。见状，三个小朋友也拿着积木拼摆起来。

图 55

小凯：老师，这些三角形能变成梯形！两个正着放，中间一个倒着放，变成了一个梯形，最上边再放一个，就是大三角形啦！

熙熙：真的耶。

小凯：老师，你倒着放的办法真好！

教师：谢谢，大家一起努力的成果。

大家看看彼此，开心地笑了。

经过一周的搭建，天安门完工了。孩子们几乎用光了全部的积木，迫不及待地请其他小朋友参观他们的作品。小凯拿着图纸，一会儿在小朋友们中间介绍天安门的结构，一会儿介绍建构方法。全班幼儿都很认可他们的搭建。

小凯：我太开心了，我成功了，天安门搭出来啦！

熙熙：我很开心，我们一起搭成功了。

小凡：天安门上面还有国徽，两边还有字，我爸爸告诉过我，这些字是'中华人民共和国万岁'和'世界人民大团结万岁'，加上这些字就是北京天安门了。

【倾听家长】

今天读完信，小凯又对我和爸爸讲述了他们搭建的过程。孩子特别兴奋，又有成就感。我也特别感动，孩子很少有这样的状态，谢谢您对孩子的用心和给予的爱。真的要特别谢谢您对孩子三年来的培育，我们也能看到他在幼儿园一步一步地成长起来。庆幸能遇到肯对孩子投入这么多精力和爱的老师。也希望您工作顺利，一直开心！

🌷 **案例反思：**

1. 尊重幼儿的每一个奇思妙想。尊重幼儿的每一个奇思妙想，从一件小小的事情上开始了。想要成功搭建天安门，即便困难重重，但大家还是一起努力克服，实现了愿望。这份执着与坚定是如此纯真与美好。作为教师，是不是应该陪幼儿憧憬眼里美好的一切呢？如果教师没有尊重幼儿的想法，就没有过程中幼儿的精彩收获，也没有成功时的喜悦。幼儿对搭建天安门感兴趣，每天都不约而同地搭建；一遍又一遍地观察对比，积极了解天安门的构造，潜移默化地增强爱国之知、激发爱国之情；通过操作，建立图形关系，增强图形替代转换能力和空间感知能力。相信这次经历会在幼儿心中留下特殊的印记。

2. 发挥教师作用，关键节点助推幼儿游戏。幼儿的游戏离不开教师的有效支持，但在游戏过程中，教师不断进行自我反思，有时纠结于该不该介入或提问。在搭建的过程中，看到幼儿遇到了许多困难，很想帮忙，但忍住了，选择短暂地等待和退后。相信幼儿是有能力的学习者，发挥大班幼儿共同学习的优势。教师重新定义自身站位，以一个好学者、同伴的身份加入搭建的行列中。

💡 **管理思考：**

孩子们约定搭建天安门的这一周，曹老师即使每天晚班，也早早来到幼儿园，和孩子们共同制订搭建计划；尊重并支持孩子们的决策与搭建想法；在搭建中共同探索天安门的结构与不同形状积木的关系。她成了孩子的知心姐姐，也帮助孩子们建立了友好的同伴交往关系……

当梦想变为现实的那一刻，小凯和小伙伴们都成长了，这份喜悦自然也值得与家人共享。通过一封信的方式，教师把小凯整个搭建过程分享给他和爸爸妈妈，小凯眉飞色舞地讲述搭建经历，在回顾中收获自信、梳理经验，也仿佛把爸爸妈妈带回了搭建现场。也借助一封信向家长表达感谢，因为家长的小小举动，也助力了孩子梦想的实现。除此之外，也和家长共享，看似简单的幼儿园搭建游戏，其中却蕴含了很多数学、科学、合作、交往、坚持、反思调整等"大智慧"。

孩子比任何人都需要来自我们的鼓励和认可，而收获一个有梦想的孩子，也更是为人师、为人父母的一份幸运。也愿所有的孩子，能永远怀揣着孩童般的纯真无瑕，被这个世界温柔相待。

（张　蕊）

案例十三　制作微型升旗杆

班级：大班　教师：王　锐

案例背景：

升入大班之后，我们围绕"热爱祖国"开展了一系列活动，活动渗透在日常生活的各个环节。近期，小朋友们提出拼插的天安门升旗台总是会倒的问题，希望重新制作一个更结实的升旗台。有的小朋友提出原来的升旗杆不会动，国旗也是固定在一个位置上，希望制作一个可以真正升起来的升旗杆。

案例过程：

一、第一次制作升旗杆

几个小朋友经过讨论，提出要制作旗杆，于是孩子们开始在玩具柜里面寻找自己觉得合适的材料，最终决定尝试用彩色立体块和四喜人两种玩具制作。

首先，几个小朋友用彩色立体块进行拼插，大家说旗杆要直直的、长长的。多长才算合适呢？佳鹏说："如果国旗能从下面升到上面，那就够长了。"大家提出每次升旗的时候都慢慢升上去。"那需要多久升上去呢？"修齐说："升国旗的时候唱国歌，国歌唱完了，国旗就升上去了。"我们播放国歌，佳鹏双手握住国旗的两端开始逐渐上升，虽然国旗升得很慢，但是国歌刚唱了一句，国旗就升到顶部了。有的小朋友提出要继续延长旗杆，于是大家慢慢增加立体块的个数。

小小说："升国旗的时候，我还要扶着底下，要不然国旗杆就立不住了。"大家发现，自己选择的立体块面积比较小，连接点只有一部分。雨辰找来了四喜人玩具，发现这个玩具数量很多，面积也比立体块更大，认为插在一起会让底座更稳。

【教师分析】

幼儿能够提出想法并进行实验，根据玩具的特征寻找适宜的材料。大家联想到每周一升旗仪式中的情景，观察升旗的速度和国歌播放的速度之间的关系，不断地调整国旗杆的高度。过程中也发现了问题，如国旗还没安装连接，只能手动上升；升旗杆制作好之后要移动到别的地方，无法稳固不倒。

二、升旗杆和升旗台什么样？

今天，大家一起讨论"怎样让国旗升到顶部"。好不容易安装好的绳子又出现了新的问题——拽不动。大家提出去旗杆前实地考察一下。通过观察，他们发现绳子是可以活动的，原来旗杆的上下两头有圆环挂着绳子。

我们回到班中对升旗杆和升旗台进行调整，那怎么解决"圆环"的问题？小小拿来了两个曲别针，用胶钉粘在旗杆的顶端和底端，曲别针正好是一个圆环。大家把绳子穿进去，却发现粘住的曲别针贴在杆子上，绳子没办法移动。雨辰说："这个玩具上面有一个小洞洞，把曲别针套在上面试试。"我们用这个方法分别将两个曲别针横着固定在旗杆的顶端和底端（图56）。

图 56

【教师分析】

这次调整，孩子们都贡献了自己的智慧。他们的观察很有目的性，对于绳子的长度、固定旗子的方法、旗子升起的方式、升旗台的特征等方面进行了细致观察并认真记录。

三、升旗台的小改造

下一步是要把国旗升起来。首先要把国旗与绳子进行连接。修齐说："可以用胶钉把绳子和国旗粘上。"他拿来胶钉，将国旗和绳子粘在一起。睿睿说："胶钉只粘了国旗中间，国旗容易掉下来。如果把国旗的一条边都粘上胶钉，没准儿就行了。"说完就寻找更多的胶钉解决这个问题。

接下来要拼台阶。修齐说："每个台阶的高矮不一样。"佳鹏说："每个人都在用自己的方法，所以不一样。"于是大家统一后进行了修改（图57）。

图 57

【教师分析】

在这次活动中，每个小朋友都贡献着自己的智慧，通过工具材料的运用、拼插方法的调整、玩具材料特征的观察、原有游戏经验的运用等方式，不断对升旗台进行完善。

四、升旗杆制作完成啦!

今天进行最终的实验。当再次听着国歌升旗时，他们发现国旗升到顶端的时候，国歌还没有演奏完毕。大家提出要再次升高旗杆的高度，可是孩子们的身高已经够不到上面了。佳鹏迅速搬来了椅子，站在上面进行调整。见状，小小和佳诺也站到椅子上调整国旗。佳鹏说："女孩子别上来了，会摔着。"女孩子自信地说："我们会小心一点。"在大家的共同努力下，最终成功升旗。孩子们激动地为自己鼓掌（图58）。

图 58

【教师分析】

佳鹏在完善过程中能够想方设法地增加旗杆的高度，在发现女孩子也站在椅子上的时候，能够像男子汉一样关心同伴、主动承担工作。小小和佳诺在借助胶钉粘贴国旗时，也考虑到了美观性的问题，在佳鹏表达自己的担心时，会主动回应，让同伴放心。真是个团结温暖的小集体啊！

🌷 案例反思：

通过游戏，幼儿对于同伴的合作互助有了深切的体会，体会到了团结力量大。在实践的过程中，他们对于班级的玩具材料和工具有了更多的认识，能够大胆表达自己的观点与需求，主动梳理解决问题的好方法，建立新经验。在发现问题、解决问题的过程中提高思维能力、动手能力和创新能力。

借助游戏观察，老师更加深入了解幼儿，看到每名幼儿的优势与亮点。对幼儿更多的放手，让幼儿成为游戏的主人。教师弱化主导行为，转变角色成为游戏的陪伴者、过程的记录者，将更多的问题抛给幼儿，鼓励幼儿不断地进行尝试探索，最终实现想法。

💡 管理思考：

王老师说得多好啊！"虽然制作升旗杆的活动结束了，但是班级的活动永远不会结束"。一个开始看似不可能完成的任务，经过孩子们积极的探索、老师智慧的支持，就这样成功了。相信，在小国旗伴随着音乐、孩子们的歌声缓缓升起的那一刻，激动的还有老师吧！对这个活动的关注起源于一次转班，班里老师兴奋地告诉我："我们班孩子可棒了，要做一个能够升降国旗的真正的升旗杆。"我一方面觉得不可思议，孩子们的想法怎么那么棒，一方面也在打鼓，那应该会遇到很多的困难吧？我说："真的好期待！"

后来，我看到了王老师记录的多篇关于制作升旗杆的故事，并在上周惊喜地收到老师发来的小朋友成功升起小国旗的视频。那一刻，我在手机前激动地为小朋友和老师鼓掌。我想说："相信孩子吧！他们真的是有力量、有自信的学习者。"我还想说："仅仅相信就可以了吗？在这个活动中，教师的支持又何止是相信那么简单！"

第一，幼儿发现、解决问题的能力不是一朝一夕形成的，而是源于班级多种活动之间的促进。比如，旗杆的制作想法来自另一组幼儿搭建天安门的活动。幼儿有一双会发现的眼睛，能够敏锐地发现旗杆的问题，并尝试去解决，说明教师在日常培养过程中一定在不断地鼓励和支持幼儿自主发现问题、解决问题，帮助幼儿形成了这样的思维模式，培养了坚持、自信等积极的学习品质。

第二，幼儿间通过合作共同实现一个目标的能力亦来自教师日常的培养。我们看到了幼儿在迁移、运用自己的学习经验。幼儿在与同伴相处、共同谋划一件事的时候，一定是能够迁移自己已经形成的合作经验的。

第三，班级氛围和谐，教师之间合作默契也是一个隐性的心理环境支持。

比如，在与老师沟通的时候，我曾经问到"都有谁参与了这个活动？"王老师把班里老师的名字都说到了。这意味着，这个活动班里的四个老师都知晓，孩子有需要的时候，不论是哪个老师带班、配班，都乐意去帮助孩子们实现这个想法。老师们如此互相支持，真的很棒！

我想，在智能化社会发展的进程快速到来的时代，人比机器人的优势在于有想法、会共情、会合作、能创造……我们要在孩子心里种下这颗种子。这个活动不但让孩子获得了关于制作、合作等好的经验，更在孩子们心中种下了一颗爱国的种子，谁说爱国离我们的生活远呢？这不就是活生生的例子么！让我们继续在"四有好老师"的理念引领下，积极用实际行动践行"安·美"文化。

（罗琳月）

案例十四　当紧张来敲门

班级：大班　教师：赵浩池

案例背景：

幼儿们升入到大班之后，各方面的能力也在不断发展。我们发现大班幼儿参与活动的欲望和好奇心都比较强烈，但是自我保护意识比较薄弱。《纲要》中明确指出：幼儿园必须把保护幼儿的生命和促进幼儿的健康放在工作的首位。因此，保护好幼儿的安全也成为幼儿园的首要任务。

在日常生活中，我们经常发现幼儿在班级中来回奔跑，偶尔还会撞到桌子。这样的事情也引起了老师和其他幼儿的关注。经过与幼儿的讨论，班级开展了"安全宣传员"的活动，由幼儿轮流来当宣传员，为大家普及安全知识、讲解班级中需要注意安全的地方。随着活动的开展，幼儿想把安全知识传递给其他班的小朋友，让大家都能注意安全。

案例过程：

小朋友们都想把自己知道的安全知识分享给其他班的小朋友。经过讨论，他们决定组建"安全宣传员"小队。希希也特别想参与，在听到要组队去其他班级宣传的时候，她第一个举手并大声说："我想！我想去！"于是，希希成为一名宣传员。在宣传前，每位小宣传员都明确了自己需要宣传的内容。

到了约定的宣传日，希希兴致勃勃地跟随宣传小队伍来到了中三班，然后大家依次介绍宣传内容。轮到希希了，希希看了看我，一副欲言又止的样子，然后低下了头。我们等了一会儿，依然没有听到希希的声音。我猜希希可能有点紧张了。

我对希希说："希希，那咱俩一起来介绍好吗？"

希希使劲儿点了点头。介绍的时候，我很大声地说着介绍内容，想要通过这样的方式带动希希一起说。但是，希希似乎还是很紧张，没有发出一点声音。

介绍完毕，我转头试着问道希希："希希，你还有什么想要补充的内容吗？"

希希轻轻地摇了摇头，又把头低下了。

回到班里，我悄悄地和希希来到安静的角落，小声地和希希说："希希，刚才怎么了？是不是忘记要说什么了呀？"希希摇了摇头。我再问："那是什么别的原因吗？"希希小声地说："我，我就是第一次去，有点儿紧张了。"我说："那你是紧张什么呢？"希希说："就是……害羞了，因为不认识中班的小朋友，有点不好意思。"我说："哦，原来是这样啊。我明白了，其实老师也会有紧张的时候。那这样吧，你先向赵老师介绍一遍，如果哪里有问题，老师可以帮助你。"

希希点了点头，开始说要宣传的内容。在整个过程中，她表达得清楚流畅。我表扬道："希希，其实你说得特别好！一点都不用紧张害怕，大胆说出来，我相信其他班的小朋友一定会喜欢你的介绍的！"希希笑了笑。

我问："那你还想再去当一次宣传员吗？"希希肯定地点了点头。于是我们再一次出发，来到了中二班。

这一次希希不再像刚才那样紧张害怕了，而是特别大方地向前迈出了一步，大声地说："弟弟妹妹，你们好！我们是大三班的小宣传员。之前询问了你们需要贴安全标志的地方，今天我们做好了来送给你们！"接着，希希拿出安全标志，介绍着："这个是'小心砸伤'，这个是'不要拥挤'。"说完便将安全标志递到了弟弟妹妹的手中。

接下来，希希流利地介绍着宣传板上的其他安全知识，表现得非常勇敢和自信。我从心底里为她感到高兴，她战胜了心里的紧张，成为一名真正的宣传员。

活动后，希希和我分享了她的喜悦，还跟我分享了她当时克服紧张情绪的好方法。除此之外，我们也一起梳理了其他好办法。希希高兴地表示："下次如果再紧张的话，就可以试试。"

相信当下一次"紧张来敲门"的时候，她会更自如地应对吧。

【教师分析】

希希非常想参与活动并积极地投入活动的准备当中。第一次的失败让她有些受挫，我非常能够理解。当得知她是因为不认识中班的小朋友而产生不自信的心理后，我通过鼓励和再一次的演练，帮助她克服紧张情绪，使她在新宣传中表现得自信和大胆，迈出了勇敢的一步。

【教师支持】

1. 保护幼儿的自尊心，营造安静轻松的环境氛围，通过交谈、耐心询问的方式鼓励希希勇敢说出原因，与之共情。

2. 用演练的方式使希希减轻心理压力。通过鼓励、认可给予她自信，并尊重她的意愿，给予再一次尝试的机会。

3. 在宣传过程中，作为陪伴者支持幼儿，活动后及时与幼儿分享心情和感受，梳理出更多克服紧张情绪的好方法，为日后提供帮助。

【倾听家长】

老师，希希回家跟我提过把家里也设置一些安全标志，原来是去当了宣传员。我很意外，在我眼里，她是一个比较粗心、慢热、内向的小朋友。尤其在陌生的环境里，她比较害羞。同时，她也是一个很热心、乐于帮助同学、老师的孩子。我觉得咱们开展这种活动特别好，希希有一点点自卑，她展现给大家的一定是她特别自信的一面，但是她在很多方面存在不足，需要锻炼。我很开心她的表现，也期待她在班里有更好的表现。

案例反思：

1. 尊重幼儿，从儿童视角出发，支持幼儿活动。此次"安全宣传员"的活动是根据幼儿的想法和兴趣开展的。幼儿能够在发现问题时，积极地想出解决方法，充分体现了幼儿活动的主体性。作为老师，我们应该去尊重幼儿的想法，给予他们支持。过程中，老师站在幼儿身后，协助他们进行采访和前期调研，更好地帮助幼儿实现想法。

2. 基于对幼儿的了解，与幼儿共情，帮助克服紧张心理，战胜自己。虽然第一次的宣传，由于希希很紧张没有成功，但是我知道这并不是真正的她，她是有能力做好宣传员的。因此在活动后，通过聊天与她共情，帮助她缓解紧张情绪。当再一次去挑战时，希希用勇气打败了心中的紧张，获得成功。在活动后，我与希希梳理了其他面对紧张情绪的好办法，有"闭一会儿眼睛""和好朋友倾诉""在心里大声告诉自己不要紧张，自己最勇敢"等，也让希希明白很多事情都需要勇气去尝试与挑战。相信未来的希希会更加勇敢。

3. 相信幼儿，做幼儿的鼓励者、陪伴者、引导者。面对陌生的小朋友和老师，对于希希来说是一次挑战，也是成长中不可缺少的一种经历。通过希希勇敢地接受第二次挑战，我看到了这个女孩内心中的坚强与渴望。在学前阶段，幼儿们的情感非常细腻、丰富。她们还会经历很多个第一次，可能有成就，也会有挫败，但更重要的是体验成长过程中各种不同的经历。在幼儿面对问题时，我们不仅要关注解决的方法和结果，也要重视幼儿的心理状态，因为心理健康远比结果更加重要。挑战时给予鼓励，成功时给予认可，失败时给予安慰和陪伴……让幼儿对自己充满信心，以更良好的心态及勇气去面对问题和困难，愿意尝试，获得积极的情感体验。呵护好幼儿的情感，珍视幼儿的每次经历，陪她面对挑战，与她共同分享、总结经验，获得自信。让每一棵小草都能长成参天大树！

💡 **管理思考：**

感动于老师的细心观察与发现。当希希出现紧张情绪的时候，赵老师能够及时洞察，循序渐进地引导。先从情感上让孩子感受到教师的理解，知晓自己当前的情绪状态，再从策略上给予支持。感谢班级的活动，感谢老师的敏锐。如果没有这些契机，也许"紧张"还会继续隐藏在孩子内心，或者有一天可以得到缓解，但不知道会是哪一天，也可能不清楚这是什么情绪，是怎么解决的。感谢有了活动中的第二次分享机会，也感谢赵老师后续和孩子的对话与分享。

成长仅有一次，不能重来。在有限的时间内，老师们用教育时光温暖自己，也温暖身边的每一个孩子，和孩子共同成长为更好的自己！

（张　蕊）

案例十五　一颗小小的星——会发光的明明

班级：大班　教师：谭　熹

🐦 **案例背景：**

明明在老师们的眼里是一位善良、懂礼貌的小朋友。热爱大自然的他，总会捡拾最红、最大的果子，送给自己的小伙伴。在伙伴的眼里，他是一位爱分享的小朋友。他就像一颗小小的星，散发着属于他的独特光芒。想知道为什么吗，继续听下去吧……

一、沉浸在"拼搭磁力片"小世界中的明明

明明正全神贯注地玩着磁力片玩具。周围的小朋友也都兴奋地交谈着、嬉笑着，还能听到玩具碰撞的声音，但是明明一点都没有被这些声音打扰，也没有被其他人的游戏所吸引，仍然沉浸在拼搭磁力片的小世界中。

游戏结束，明明拉着我走到桌前，仰着头大声说道："谭老师，你看我搭的房子！""哇，这座大房子可真高，你搭了多少层啊？"他伸出手指："一、二、三、四、五！五层呢！""哇，这么高，还这么结实。明明怎么搭的？""把它拼在一起，就吸上了。"他咧嘴笑了出来，然后又沉浸在自己的磁力片世界

中。我想，那时候的明明一定是骄傲的、自豪的吧？

【教师分析】

在与明明相处的过程中，他身上的很多优点也在不断地向老师和伙伴们展现着：乐于思考，做事情专心专注。在搭建磁力片房子时，明明沉浸在自己的小世界里，周围的声音似乎都影响不了他的游戏和创造，最终，属于他的"摩天大楼"拔地而起。看着自己的成果，脸上的笑容是他当下最真实的感受。

二、解锁"金字塔"秘密的明明

今天明明选择了智慧金字塔玩具。班中的大多数小朋友都还没有掌握解锁金字塔的方法，老师们在挑战的时候，也遇到了不少困难。"老师，你看！"明明捧着金字塔走到我面前。"哇！这是你自己拼的？"我惊讶地问。"嗯！"明明重重地点了下头。"你是怎么还原的呀。""你看！"说着明明便把刚组好的金字塔倒了出来，而后眼神专注地操作起来，在拼拼凑凑中，一个完整的金字塔再次被他还原出来。

【教师分析】

明明执着于探索自己喜欢的事情。金字塔玩具的难度较高，而他却对此充满了兴趣，并且在不断尝试和操作中，掌握了游戏要领，"征服"了这款玩具。

三、酷爱收藏的你

冬天到了，树上的果子越来越少。操场上、滑梯边，处处都能看到明明低下头仔细寻找果子的身影。"果子都没啦！"明明蹲下身，从花台边捡拾了一个小小的、干瘪的果子。想起明明的捡果子计划，我不禁问道："你为什么一直捡果子啊？""在动画片里，果子是宝贝。""原来果子是宝贝啊，真神奇。""明明，除了捡果子，小探险家还会干什么？"他抬起头，有些无措地望着我。"我们去探险好吗？"我指向操场上正在进行集体游戏的小朋友们。"走！他们正在翻越大山呢！"明明拉着我的手，一起走了过去……

【教师分析】

收藏果子是明明的最爱，无论什么季节，总能看到他捡拾果子的小身影。时间滴答滴答地流逝，他的果子宝箱越来越满了。他发现夏天的果子很多，又大又饱满；秋天的果树变得"光秃秃"的，天天都能在地上捡拾到很多成熟的果子；冬天的果树只剩下干枯的枝丫，只有在地上才能偶尔发现零星几个干瘪的果子。这种探索精神，让明明掌握了更多的本领，收获了自信和快乐。

【倾听幼儿和家长】

我把与明明的互动用文字记录下来分享给家长，并希望家长讲给明明听。我很好奇明明听后的反应，于是我问明明。

教师：你和姥姥、妈妈一起听故事了吗？

明明：嗯。（先是点头看着我，随后被窗外中班小朋友的户外游戏声吸引过去）

教师：你都听到了什么？

明明：我给小朋友做操。

教师：还有什么呀？

明明：摘果子。

教师：你给小朋友做操，又摘了这么多大果子，妈妈和姥姥有表扬你吗？

明明：没有（摇头）。你看我的新衣服！（明明的注意力转移到衣服上）

对话因后续活动而中断。

我把明明在幼儿园的想法告诉了妈妈，妈妈简单地表示了感谢，后续并没有和我进行更多的话题。姥姥虽然每天都在接送孩子，但是和我们的互动和沟通也极少，只是接过了故事，也没有表达自己的情绪与感受。

案例反思：

作为一个青年教师，我开始怀疑自己，这个故事分享的是否有价值。后续我也再次分析明明的家庭情况，每次沟通基本上都是老师主动引发话题，说完之后家长就是感谢、执行。我也试着从家长的角度去思考，因为不同的家长有不同的性格。但即使这样，也不能阻挡我对这个孩子的继续关注。比如明明在与我的对话中突然又介绍起了新衣服，在后续的思考中，我认为当时应该回应幼儿，结合他的家庭特点，可以问："你的衣服真漂亮，是妈妈/姥姥买的吗？"当他回答后，可以回应道："你的妈妈、姥姥一定很爱你！"让明明确切地知道，其实自己的家人、身边的伙伴和老师都爱自己，自己是一个被爱围绕着的孩子。

其实不管家长和家庭回馈了我什么，我都要坚定自己的教育信念和初心。我也依然很享受、很愿意和明明继续分享他的快乐，做他的好朋友，去支持他，去感受他的欢喜。与此同时，我也想继续和家长交流，因为我深知家园共育之路道阻且长，过程中会出现许多波折和挑战。

管理思考：

阅读完这篇案例，相信老师们可能会想到自己相同的经历。家园共育是幼儿园开展工作的重要部分，与家长达成教育共识，能够有效形成教育合力，促进幼儿身心健康全面发展。但是，我们的努力不一定会被家长看到，不一定能够得到认可和积极的回应。

即使这样，我们能做什么？应该怎么做？我想，应该回归我们教育的本质与初心。潜心观察、理解每个儿童，帮助他们成为更好的自己，成为对社会有价值的人；继续探索家园共育的有效方式，让不成功成为经验，成为我们后续工作的动力。

故事中的主人公明明，是一个嘴上不说，却能把很多益智玩具玩转于手中的男孩儿；是一个不声不响，却把最好吃的食物留给家人的男孩儿；是一个看似不经意，却能准确掌握乐曲节奏，聚精会神做手语操的男孩儿；是一个你想要走进他内心世界，想让他走进更广阔世界的男孩儿……关注明明的一举一动，并不是偶然。班级教师一直试图想要更了解这个男孩儿，亲近这个男孩儿，也想让这个男孩儿更敢说、更快乐、更自信。和明明家长的沟通也并非一次，老人看管，父母很忙。明明还有哥哥，在家长的描述中，老师知道哥哥学业重，甚至比明明更加优秀……这一切，都掩盖住了明明身上的光芒。恰巧，明明真的很在意。

把故事用微信方式分享给妈妈，用书信方式分享给姥姥。对不同的家长有不同的话语要表达。可见教师在教育中的细致及预见性。深知打开明明家的沟通之门实属困难，但谭熹老师没有气馁。也正是这重重困境，让我们可爱的老师更理解家长，换位思考，也引发了后续思考：对明明家庭现状的再分析，对明明可能承受的影响进行分析，思考下一步家园共育的方式方法、教育策略。

唯有把更多的爱毫不吝啬地给明明，让明明心中的阳光与大自然的光更完美的契合，就算是一颗小小的星星，也会耀眼夺目。

（张　蕊）

案例十六　充满汗水的胜利

班级：大班　教师：宋雯茜

🐦 案例背景：

近期，班级来了一个"新朋友"斗兽棋。就是这个"新朋友"，成功引发了佳为的关注。每次有人玩"斗兽棋"的时候，佳为总会跑来观战，一有机会就和同伴对弈。

🦋 案例过程：

一、坚持不懈的挑战

佳为喜欢斗兽棋，虽然胜少输多，但佳为不断练习，和他人反复切磋，并向高手锦玉发起了挑战。结果佳为在不到 10 分钟的时间里面再一次输掉了比赛。棋局结束后，佳为说道："怎么就输了呢？"锦玉告诉佳为："佳为你看，刚刚我的狮子走到这儿的时候，你的大象就可以把我的狮子给吃掉，但是你没有吃，然后我的狮子就走到了陷阱，可是你还是没有吃我的狮子，所以，我的狮子就顺利地走入了你的兽穴，我就赢了。"佳为说道："我明白了，我要一边下着棋子，一边看着和想着对手下的棋子。"

【教师分析】

佳为在初次尝试斗兽棋后不断练习，认真对待每一次挑战，不断积累经验，并勇敢地向斗兽棋高手锦玉发起了挑战，输后也能够坦然接受并倾听、接受锦玉传授的经验。

二、 进阶的不断复盘

下午，佳为对我说道："老师，我还想要跟你下一局棋。我现在比之前厉害了，我肯定能赢了你。"我回答道："好呀，我们再来一局。"最后，我赢了棋局。在收拾棋子的时候，佳为跟我说道："老师，你能向锦玉那样，把棋局恢复，告诉我到底哪儿走的不好吗？"听完他的话，我还原部分棋子说道："你看，自己的兽穴和陷阱那里是不能走的，我的棋子一旦走进了你的陷阱，你的所有棋子都能够吃掉我的棋子，所以你在陷阱旁边应该怎么样？"听完我的话，佳为说："我明白了，陷阱旁边要有棋子，可以帮我防守。"从那以后，佳为每一次下完棋后，都会问问对手方法，也会在对手离场后，自己摆好之前的棋局进行复盘。

【教师分析】

佳为默默地为了自己想要去完成的事情不断努力、不断练习。通过不断复盘、虚心请教、询问对手自己的问题，在反复的思考、钻研中找出自己输棋的原因。

三、 解锁般的节节胜利

佳为跟逸坤和非非一起玩斗兽棋。佳为先挑战逸坤，后又挑战非非。在棋局开始之前，逸坤说："佳为，你能赢我吗？"非非也说："我可是很厉害的，你赢不了我的。"而佳为听到后说："我能赢了你们，我可比之前厉害多了。"棋局结束，佳为赢了，他说道："看吧！我说过了，我现在可比之前厉害多了。"收完棋子后，佳为走到我的身边对我说道："老师，这回我赢了，我太开心了，赢了好几把呢！我在陷阱的附近都设置了小动物，这样谁来，我都能够把它给吃了，我比之前你和锦玉跟我下棋的时候厉害多了呢！"

【教师分析】

佳为通过不断努力终于赢得了比赛，并在棋局结束后，梳理总结自己赢棋的经验，例如，要在陷阱周围设置小动物保护自己的兽穴等。佳为在不断的经验积累中，获得一场又一场胜利。

四、乘风破浪的进步

经历了好几次的胜利后，佳为走到锦玉身边说道："锦玉，咱俩再下一局，我比之前要厉害。"锦玉说道："好呀，看看你有多厉害。"随着计时器开关的响声，棋局开始了，裁判和观众都屏住了呼吸，观看着棋局。这一次，佳为与锦玉之间的对决时间超过了10分钟，就连锦玉都说："老师，这一次我跟佳为整整下了10多分钟呢，之前连10分钟都不到。"听到这句话的佳为也说道："我这一次比以前要厉害，我相信，我以后肯定能够赢了她的！"

【教师分析】

佳为勇于向锦玉发起一次又一次挑战，虽然最终还是锦玉获胜了，但佳为却不气馁。在这10分钟的比赛里，可以看到佳为的棋技在不断进步，对于棋局的布阵思考得更加全面了。

五、披荆斩棘的胜利

今天的游戏时间，佳为和锦玉再次来到棋桌前面对弈。前两局佳为都输了，事情在第三局发生了反转。佳为的棋子来到了锦玉的陷阱那里，离锦玉棋盘上的兽穴只差一步之遥，锦玉没有任何棋子防守，只要佳为再走一步，他就赢了。在佳为下完以后，锦玉愣住了，脸上满是不可思议的表情。锦玉叹了一口气，随便挪动了一颗棋子，佳为紧随其后，挪动棋子直奔锦玉棋盘上的兽穴，并大声说道："我赢了！我终于赢了！"面对着这样充满着"汗水"的胜利，我走到佳为身边问他："佳为，你现在是什么感受呢？"佳为说道："我现在特别高兴！"我转头看着锦玉，对他说："锦玉你呢？你现在是什么感受呢？"锦玉说道："我好像大意了，但是我也觉得高兴，为佳为高兴。佳为，咱们明天接着下，我还是会继续赢的。"

【教师分析】

佳为在一路的"披荆斩棘"中，最终赢得了比赛，相信他一定感受到了只要不断努力与付出，终会得到大大的收获。

六、传经送宝的接力

逸坤对着佳为说："佳为，我能跟你对决吗？我们三局两胜，可以吗？"佳为一边摆着棋子一边说道："好，我正好看看你的实力。"随着佳为话音一落，棋局正式开始了。第一局的对决快速结束了，佳为获胜了。佳为对逸坤说："你一直追着我的大象，没有看其他的棋子，要看其他的棋子。我们接着下，没事儿。"随后第二局对决开始了，这一次逸坤开始关注着棋盘上所有的棋子。但是，第二局对决也很快结束了，佳为又获胜了。佳为说道："没事儿，比刚刚要好，接着来，加油。"第三局很快又结束了，这一次还是佳为获胜了。佳为挪动着棋子说："你的陷阱和兽穴那里没有棋子防守，棋子都出来了，只要我的棋子进了你的地盘，你就要把棋子往回走，要不就会输的。"逸坤说："我忘了陷阱那里要有棋子，下次不能忘记了。"说完抬头对我说："老师，你知道吗？佳为现在是我的师傅，他现在好厉害的，他教我下斗兽棋。"

【教师分析】

佳为愿意把自己的经验分享给其他小朋友，帮助别人复盘，而他帮助别人复盘的整个过程，也是不断巩固自己棋技的过程。

【倾听家长】

宋老师，您好！今天佳为一回家就很神秘又很得意地送给我一卷很像证书的文件。我好奇地打开一看，真是很惊讶，居然是宋老师记录的佳为的成长故事。我一口气阅读下来，真是感慨良多！孩子这段时间天天追着我们陪他下棋，原来这背后有这么多的故事。我们作为家长都没有这么耐心细致地陪伴孩子，发现孩子细微的变化和进步，深感惭愧！在这里很感谢宋老师悉心地工作，帮我们记录下孩子成长的点滴。成长故事不但时间跨度大，篇幅也很长，文字流畅优美，记录翔实生动，真是辛苦您了！您的引导鼓励和褒奖给了佳为很大的信心，也给了我们家长很多启发，在生活中如何有效地陪伴，如何发掘孩子的优点，如何引导孩子思考和探索。我们会替佳为好好珍藏这篇文章，毕业在即，这也是一份很珍贵的大礼。最后，再次感谢宋老师耐心细致地工作，也感谢长安幼儿园全体老师为幼教事业的辛勤付出！

💡 管理思考：

宋老师通过持续观察幼儿的游戏，鼓励和支持幼儿不断学习，帮助幼儿积累了得胜的方法策略，以及正确面对输赢、屡败屡战不放弃的品质。我们从中清楚地看到了佳为的学习轨迹，感受到了他失败时的遗憾、探索出好方法的快乐、不气馁的坚持、得胜的喜悦、安慰同伴的温暖。成长，就这样被看见！人们常说教育是农业，辛勤的栽培让我们亲眼见证了一个孩子的学习成长，这是多么欣慰的一件事。相信佳为在这个过程中，不仅积累了下棋的经验，而且更加理解学习的意义。宋老师作为指导教师，也一定能够感受到做老师的幸福和成就感。

一位年轻的教师能够意识到观察的重要性，并且采取实际行动，持续地观察、记录、分析孩子的学习方法、过程，鼓励孩子挑战自我，非常棒！当然，幼儿园中还有很多位这样的青年教师，你们都很棒！在新时期，政治正确、甘于担当奉献是必备的素质；而专业学习与发展也更趋于自主化，我们需要爱学习、会实践、肯钻研、勤梳理的青年教师。借此机会，希望广大的青年教师能够提高站位、主动探索，以"四有"好老师的标准严格要求自己，在"安·美"文化的引领下做出自己的努力，让你们的成长看得见，不愧于学前教育这份职业的魅力，不愧于青春年华的绚烂！

（罗琳月）

案例十七　人多力量大，合作真快乐

班级：大班　教师：高　姗

🐦 案例背景：

幼儿升入大班后，迎来了全新的教室环境，桌椅围起来的全新布局促进了同伴之间的沟通和合作。幼儿很快注意到围坐桌的中间留下了一个不太美观的空隙，这一问题引发了小组热烈的讨论。

🦋 案例过程：

云泽：我们可以把自然角的花放进去。

说着就去自然角搬来了桂花树，想要填补到窟窿里。可试了试，花太矮了，还是堵不住窟窿，而且看不到花。

霈泽：我们再用一个这样大的桌子把它堵上不就得了！我家沙发旁边就有个窟窿，姥爷买了一个小桌子放在那里就看不到窟窿了，还特别好看。那个桌子上面还放着我的乐高玩具呢。

湛湛：哪里有那样合适的桌子呢？我们班里没有其他的桌子了呀。

司诺：我们去美术教室找吧，说不定美术教室也有桌子呢。

经过司诺的提议，幼儿分组到美术教室及幼儿园各处进行寻找，可惜一无所获。幼儿回到班里进行了讨论，决定自己动手做一个桌子。到底怎样才能做出跟窟窿一样大小的桌子呢？都有哪些材料可以用呢？

在教室里，幼儿积极寻找材料。子轩发现了积木，提议用积木来修补桌子的空隙。同伴们迅速响应，开始搬运和拼搭积木。

霈泽：这样大小不合适，还是不好看呀，我们要测量桌子的长度后再搭桌子。

柳溪：我们要让桌子结实点儿，万一倒了就麻烦了。

云泽主要负责拼摆，一边摆一边用手推，看桌子是否结实。其他小朋友帮忙递适宜的积木。很快，桌子搭好了，堵住了大窟窿。

湛湛：桌子搭好了，桌子上面放什么呀？

我指着班里的拼插作品，说："你们看，这些玩具和作品好像已经在柜子上放不下了，你们有其他的办法吗？"司诺立刻将拼插作品拿到新搭的桌子上比了又比，同伴围观后纷纷称赞："合适合适！真好看！"于是，幼儿将拼插作品和美工作品摆放在积木桌上，大家都非常满意，开心地欣赏起来（图59）。

图 59

【教师分析】

幼儿面对新教室中的窘窘问题，展现出了极高的观察力和创造力，给了教师一个深入了解幼儿面对和解决问题的机会，同时也考验了教师的引导和支持策略。

孩子们总能带给我们惊喜。当遇到问题时，幼儿善于动脑筋来思考，想办法去解决它。幼儿有一双懂审美的眼睛，看到环境中有一些不好看、不美观的地方想要去完善它、美化它。然而有限的资源如何利用到最大化呢？身边有哪些东西是可以利用起来的呢？幼儿发现积木可以搭桌子，运用测量的方法，寻找合适的积木。虽然没有事先协商，但很快就形成了合作战队，分工明确，配合得非常好。

霈泽提出使用测量的方法来确定桌子的尺寸，这一提议非常关键，得到了幼儿的认同。霈泽在日常活动中总能提出有益的建议，帮助同伴们丰富和完善他们的作品，成了小组中的问题解决专家。

云泽则展现了出色的实践能力，他不畏劳累，积极地拼搭积木，同时也很好地接纳了小伙伴们的建议。这种积极实践和开放接纳的态度，极大地促进了团队合作，帮助小组成功地完成了桌子的搭建。通过这次活动，幼儿不仅解决了实际问题，而且学习到了合作与共创的重要性，展示了大班孩子应有的责任感。

🌷 **案例反思：**

生活中处处需要我们留心，需要我们去发现，用自己的智慧和双手让生活环境变得更加美好。幼儿通过这一次班级环境布置，发现不仅可以在班级内解决问题，还可以走出去，用自己的双眼去发现，用心灵去感受，看一看在我们的幼儿园和家庭中，我们是不是可以做些什么，让它们看起来更加不一样。

面对问题，教师让幼儿自主解决问题，只提供必要的支持，鼓励他们大胆尝试。此次利用积木搭建桌子的活动正是幼儿自发的想法。不仅用积木解决了实际问题，而且学会通过测量来确保搭建的准确性。在这个过程中，每个幼儿都有所参与，无论是搭建、运输积木还是观察，大家的热情都很高，共同期待着积木桌的完成。这次活动不仅锻炼了他们的合作精神，而且提高了解决问题的能力。

大班幼儿的活动中有很多需要合作的内容，然而合作并不是一件容易的事，它需要幼儿之间能够表达清楚自己的想法，也能领会他人的意思，并且有共同的目标，一起朝着这个目标去努力。这其中的分工需要他们自己讨论，每个人都有自己要完成的小任务，从而实现大理想。

🌱 阅读思考：

在案例中，孩子们面对新教室环境中的问题，不仅积极地思考解决方案，而且展现出了创造力和团队合作意识。云泽和霈泽在面对围坐桌子的空隙问题时，提出了各自的想法和解决方案，并通过讨论和动手操作找到了最终的解决方法。在搭建桌子的过程中，孩子们展现了出色的合作能力。每个幼儿都承担着不同的任务，有的负责测量和搭建，有的负责运输和观察，大家共同努力，最终完成了桌子的搭建。通过整个过程，幼儿不仅解决了实际问题，而且学会了合作、沟通。

幼儿在面对问题时展现出的观察力、创造力和团队合作精神是非常宝贵的。教师在这个过程中的支持和引导起到了关键作用，需要给予幼儿足够的空间和自主权，以幼儿为出发点，鼓励他们勇于尝试和创新。

（马庆庆）

案例十八　从"无人问津"到"熙来攘往"的图书角

班级：大三班　教师：席　文

🐦 案例背景：

图画书对于幼儿语言表达能力的发展有着至关重要的作用。但是，我们经常在班中的游戏区中看到被"冷落"的图书角，这究竟是怎么回事呢？我们同孩子们一起交流，这才得知，图书角相比其他游戏略显枯燥乏味，不能吸引幼儿长时间停留，再加上多年传承下来的沙发、桌椅使得图书角看起来并不那么温馨，孩子不愿意去。那么，如何让图书角变得"有趣"呢？

这一话题引发了幼儿的热议，孩子们说："我们给桌子铺上好看的桌布""我们还可以铺上柔软的地垫""我家里有懒人沙发，坐在沙发上看书一定很舒服""我能带点毛绒玩具装饰吗？"于是，一场悄无声息的大改造在孩子的热议中展开……

案例过程：

一、拯救沙发大行动

计划后，孩子们找来班中不同种类、颜色的布（图60）。他们先把布直接铺在沙发上，后来发现布很快就从沙发上滑落下来。交流之后，决定把布裹在沙发上。但是多大的布，才能不多不少地裹住沙发垫呢？一下子被难住的孩子们，又找来沙发垫进行比对、剪裁。之后要进行固定。什么胶能把布粘牢固？他们试了双面胶、胶钉、胶水等，都没能粘住。最后，孩子们在老师的帮助下，用胶枪才将布粘牢。铺上布之后，孩子们还是觉得不好看，又拿起彩笔在沙发靠垫上画了起来，一对花开靠垫制作完成（图61）。经过孩子们的共同努力，我们的图书角焕然一新。

图60　　　　　　　　　　　　　　　　图61

【倾听幼儿】

昕迹：我今天做了一件从来没有做过的事情，就是让沙发变新了。我们发现把沙发变新并不容易，需要用剪刀裁出大小一样的布，但布总是粘不上，我们还需要寻找能粘布的胶水。最后，我们几个和老师一起努力做到了。我们明天想用这个方法再把桌子变新。

【教师分析】

在成人的视角下，也许换一块新布就能满足幼儿对环境的需求，但在幼儿的眼中，这就是她生活、游戏的一部分。当我看到幼儿专注思考的时候，我感受到"情感、生活、共情"的联结，以及孩子们想加入环境创设的心。我想，自主游戏的真谛就是开放心态、开放问题，教师应转变视角、放手观察、适时回应。

二、"选书游戏"有挑战

经过孩子们的共同努力，图书角焕然一新。起初，孩子们特别喜欢在这里玩儿，几天后，人又变得寥寥无几了。

交流中，孩子们表示："是好看了，但是没有自己喜欢的图书，也没有好玩的玩具。"讨论下，他们决定选出好玩的、喜欢的书。然而，选书过程并不像孩子们想的那么简单，一番操作下，书铺满了地面。月月说："咱们应该分类，把喜欢的和不喜欢的分开，要不然就白干了。"明确目标后，大家三两下就把图书分好了。新的问题又出现了：自己不喜欢的书并不代表大家都不喜欢，喜欢的书又该怎么分类？怎么让大家找到自己喜欢的书呢？小米提议去其他班看看。于是，孩子们自发组建了"调查小分队"，到各班调查图书分类方式并和大家进行分享。当孩子们得知分类的种类后，也重新整理自己班的书。但是，选书时，孩子们发现自己喜欢的书并不是很多。商议后，大家选出小代表到借阅室借书。有了之前的记录、分类经验，孩子们拿着小板子去询问每一名幼儿喜欢的书。记录后，又通过统计、分类，筛选出 7 类图书。到了借阅室，几番筛选后才选出心仪的书（图 62）。刚要搬起书回教室时，管理老师问："谁来帮我登记一下啊！"安心皱皱眉说："可是我们不会写字。"于是孩子们决定用画画的形式来记录（图 63）。

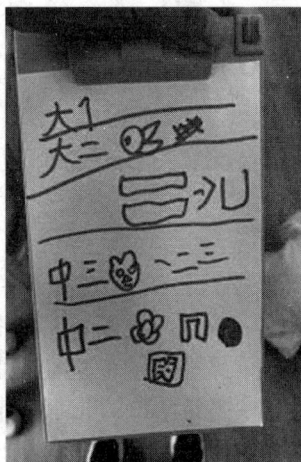

图 62　　　　　　　　　　　　　　　　　　　图 63

【倾听幼儿】

安心：没想到还要登记，又要数书又要画名称，借书可真不容易。

月月：我觉得借书真好玩，我从来没去过放书的地方。

沐晨：我特别开心，因为我能自己选想看的书，还能帮小朋友选想看的书。

【教师分析】

自主游戏源于生活。面对一次次的挑战，我以为游戏会停滞不前，但孩子们不断思考，借助资源挑战自我。在这期间，为了增添图书角的互动性，我还投放了很多听说玩具。幼儿起初都很喜欢，但持续参与的却很少。直到孩子们发起"选书游戏"，我才恍然大悟，只有幼儿完全成为游戏的主人，孩子才爱去，游戏才能促使幼儿进步。

三、变大的是"图书角"？还是"游戏屋"？

孩子们自主创设的环境，使得这片天地一下子变得人潮拥挤，大家喜欢在这里游戏、看书。这一天，几名男孩子来到图书角，先看了会儿书，然后转身拿起身后玩具柜的棋玩了起来。一旁的中中说："这里是看书的，不能在这里玩棋。"月月说："我们看书都没地儿了，你们能不能去桌子上玩儿去。"几名男孩子据理力争地说："看书就不能玩棋吗？我们又不会打扰你们。"

一时间，能不能在这儿玩游戏引发了孩子们的热议。最后，大家一致认为要把这里打造成游戏屋。大家一同动手，将图书角扩大，变成了游戏屋。孩子们表示："这里真好，能看书、下棋，还能一边喝水一边聊天。"一段时间下来，井然有序的游戏屋充满欢声笑语。

案例反思：

通过一段时间的实践，幼儿从曾经的漠不关心到亲力亲为，我们的图书区也从"无人问津"到"熙来攘往"。这期间，我们看到了幼儿的成长及教师的改变。

1. 建立自信，愿做有创造美的人。在改造游戏中，幼儿成功将沙发、桌子、玩具改造成自己喜欢的样子。在选书过程中，从凌乱不堪到乱中有序再到收取明确，成功将自己的游戏有序化。在游戏屋的游戏中，幼儿在有冲突的情况下，通过交流、协商达成共识，将小天地变成共生同玩的游戏屋。

2. 善于表达，会更加自主地游戏。在改造游戏前，班中幼儿在游戏时经常出现该收玩具了图书还在地上，也会出现乱放、乱玩玩具的情况。游戏从毫无规划的"自由"变得更加"自主、有序"。每一名幼儿都十分关注自己改造的点点滴滴，都成为这片天地的小主人。

3. 转变视角，更加放手。从"我以为"的游戏到放手后的惊讶，幼儿能量的一次次展现，使得我们更加确信，放手游戏，将生活还给幼儿是正确而有效的做法。而自主游戏的放手，不是完全不管，而是倾听、交流与适时地支持。这样的方式，反而使得幼儿更加放松、大胆，更能展现自己的能力。

4. 相信幼儿，成全幼儿。在以往的环境创设中，我们都会借助一些高级配色、图形布局等方式创设教师预设的环境。但这是教师视角下的环境，对于幼儿而言，除了欣赏，并没有真正融入她们的生活。而教师在实践后感受到，相信幼儿、支持他们的想法，成全幼儿的创造性而生成的环境才是活环境，这样的师幼关系和教育模式使得教师更加幸福，幼儿更加自在。

💡 管理思考：

大三班的环境改造起源于自主游戏背景下班级环境创设的检查，当时老师们也在困惑自主游戏下的班级环境应该如何创设。管理者和大三班的老师一起思考，达成了共识：班级环境创设同样放手给孩子们，让孩子们真正成为一日生活的小主人。

但是，如何放手？孩子们是否有这个需求？孩子们需要什么样的经验，又会获得什么样的经验和学习？这些问题促使大三班的老师追随孩子们的脚步，开始了儿童视角下的班级环境改造。席老师和孩子们从"无人问津"的图书角开始，运用了儿童会议、一对一表征等多种方法倾听孩子们的心声，通过参观其他班级的图书角等方式丰富孩子们的经验。孩子们主动地让图书角变得"熙来攘往"。更值得我们学习的是，席老师做到了"既要"和"又要"，既追随儿童视角，又遵循我们的教育目标：培养德智体美劳全面发展的社会主义建设者和接班人；既放手游戏，又将幼小衔接任务时时刻刻放在心中。

（余　燕）

案例十九　服装变形记

班级：大班　教师：李聪慧

🐦 案例背景：

幼儿根据兴趣生成了"萌可奇妙餐厅"的游戏。在游戏中，他们需要厨师帽和厨师服，便邀请小朋友为她们制作，由此引发了本次活动。

🦋 案例过程：

一、制作厨师帽

婉娉用纸制作的厨师帽，给小朋友试戴的时候就被撑坏了。"纸太脆弱了，这个材料肯定不行。"她小声嘟囔着。接着，她拿起奶茶袋，咔嚓咔嚓剪着，很快就又完成了一顶帽子。

过了一会儿，婉娉跟我说："我让小朋友试戴了我做的帽子，他们说有点大。"于是，婉娉又取回帽子重新修改，试图将帽子改小。等帽子改完后，她把帽子送到了小餐厅。婉娉跟真真说："我把里面的纸缩小了，用胶粘起来了。"

【倾听幼儿】

婉娉：我今天还是很开心的，因为我帮小餐厅做了厨师帽，但我是改了三次才成功的，他们戴上不掉了。

团团：我觉得你下次再做的时候，应该先用尺子量一下头的大小，这样就不会做大了。我看我姥姥在家做衣服都是先用尺子量一下的。

【教师分析】

1. 婉娉在选择适宜做厨师帽的材料时不断尝试和探索，发现纸又薄又脆，最终选用了更加结实的奶茶袋。

2. 初次制作时，没有考虑到头围和制作帽子之间的关系，在不断拿帽子和小朋友的头比对的尝试中，制作出了适宜的帽子，在同伴的提示下丰富了测量的方法。

二、我想做汉服

厨师帽引发了孩子们制作服装的兴趣，卉乔想用泡沫纸做一件自己心目中的汉服。但是经过很长时间的剪裁，汉服总是做得不合心意。她皱着眉头说："李老师，我想做长长的袖子，但是怎么做呢？"潼潼："你可以拿一件汉服看看！"

【倾听幼儿】

卉乔：我后来拿了汉服照着做，但是泡沫纸袖子还是飘不起来，汉服是用纱和布做的。

潼潼：我们家的汉服袖子长长的、大大的，都快拖到地上了，你做的汉服袖子太小。

【教师分析】

1. 幼儿萌生了做汉服的想法，关注到了汉服有长长的袖子等特征。

2. 幼儿想要真正的布料制作汉服，后续可以和幼儿一起收集纱和布等材料。

三、好看的《长安三万里》

班级孩子们对汉服的兴趣越来越浓厚。顿顿说："李老师，我看的《长安三万里》中，高适和李白穿的也是这样的衣服。"许多孩子说："我也看过！"
"我们还想看！"于是，我们共同欣赏了《长安三万里》。

【倾听幼儿】

思语：为什么袖口那么大呢？因为过去衣服的袖口里有一个梯形的袋子，
里面是可以放钱、小东西的。

欣欣：公主跳舞时，飘动的云肩好看。

小语：我发现孟浩然是孟月玫的孟。

茜茜：李白为什么写这首诗呀？

沣沣：李白是思念家乡，所以写了《静夜思》。

顿顿：李白念得好听，念的时候大点儿声就好了，这样特别有气势。

【教师分析】

1. 幼儿通过欣赏《长安三万里》，了解了更多的汉服文化，有的幼儿关注
到云肩、披肩等配饰。

2. 幼儿对诗词产生了兴趣，感受到了诗词抑扬顿挫的声势之美，还情不
自禁地模仿了诗人。

四、美丽的云肩

幼儿观看完《长安三万里》后，对公主的云肩很感兴趣。班级幼儿一起收
集更多云肩、披肩的图片、实物，并开始制作云肩。

小语：我的云肩是用羽毛和毛球制作的，希望我穿上之后像小鸟一样
飘逸。

梓熙：我做得非常好看，在深蓝、浅蓝色的小花瓣上还粘上了深海的小贝
壳和小珍珠。

思语：我觉得很漂亮，都是彩带，转的时候能飘起来，我们可以穿着一起
走秀了。

【教师分析】

1. 幼儿在欣赏云肩的美后，主动、大胆地运用多种材料表现和创作。

2. 幼儿产生了穿着汉服走秀的愿望。

五、我们来走秀

幼儿穿上自己制作的衣服，还想像李白一样说古诗走秀。恰逢六一儿童
节，幼儿回家向爸爸妈妈发起了古风走秀的邀请，希望与爸爸妈妈一起进行古
风走秀。六一活动当天，幼儿和家长一起走秀。

【倾听幼儿】

梓熙：第一次走秀的时候，我有点害羞，因为当时全场的人都在看我。慢

慢我就不害羞了，因为熟悉了走秀，动作也更加熟悉。

顿顿：我觉得说古诗走秀特别有意思。诗有感情，比如悲伤、高兴、幽默。

【倾听家长】

家长表示和幼儿一起走秀非常紧张、激动，甚至还说道："小朋友真有自信，太有胆量了！比我们家长都厉害！"

【教师分析】

1. 亲子走秀中，幼儿端庄的仪态、洪亮且富有感情色彩的朗诵让他们更加自信。

2. 幼儿感受到汉服、古诗词、传统音乐等文化之美。

案例反思：

1. 满足幼儿的真需求，顺应幼儿的真想法。在活动初期，我也没想到一个小小的制作厨师帽活动会引发到了解汉服、古诗文化上，我深深地理解了什么叫作"幼儿作为内驱力，教师是幼儿游戏的支持者"。幼儿拥有天马行空的想法，而不是按部就班地开展活动，所以在整个活动过程中，教师顺应幼儿的想法，满足幼儿的需求，陪伴幼儿尝试。在一次次的探索中，幼儿的想法得以实现，能力得以提升。

2. 等一等、看一看，相信幼儿的力量。通过活动，我最大的感触就是给予幼儿试错空间，尊重幼儿是有能力解决问题的人。在兴趣的驱动下，幼儿在活动中即便遇到了困难，教师作为陪伴者也可以先等一等、看一看，让幼儿在探索实践中寻找解决的办法，将成长权交还给幼儿，少一些包办代替，多一些放手。试错和失败是成功路上绚烂的花朵，只有花朵采的足够多，才能让成功的喜悦变得更加绚丽多彩。而我们教师要做的就是守一朵花开，等一阵风来，给予期待，静待花开。

阅读思考：

服装作为我们日常生活中不可或缺的一部分，每时每刻都与幼儿紧密相连。颜色、款式、材质所带来的不断冲击，使幼儿逐渐形成独有的审美感知。厨师服、厨师帽是幼儿生活中常见且独特的服装样式，与幼儿小餐厅的游戏完美融合，激发了幼儿创作的欲望。老师能及时捕捉到幼儿的兴趣，并不断根据幼儿的需要与幼儿一起调整，收集材料，完善作品。幼儿穿着自己制作的服装，更有实际意义。

古今服饰的美，不仅体现在其外在的形式上，更在于它们所承载的文化意义和社会价值。从古代的典雅庄重到现代的时尚多元，服饰一直是人类文明发展的重要标志之一。通过服饰的变化，我们可以窥见不同时期的文化特征、审美观念和社会发展。无论是古代的精致刺绣和复杂的服饰配件，还是现代的简约设计和创新材质，服饰都是人类创造力和审美追求的体现。随着近几年国家对传统文化的大力推崇，以及老师们对中国传统文化的渗透，幼儿开始更多地关注中国，并对中国特有的文化、艺术表现形式产生浓厚的兴趣。老师能够发现幼儿对中国传统服饰的兴趣，在满足幼儿制作需要的同时，通过诗歌、动画等形式，不断渗透与服装同时代的文化特征，使幼儿的兴趣能够更加长久、更加多元地发展。走秀活动帮助幼儿获得极大的自我认同感，建立自信心。与此同时，民族自豪感潜移默化地在幼儿心中扎根。

（宋方昕）

案例二十　我的北京鬃人

班级：大班　教师：宋方昕

案例背景：

北京鬃人是北京特有的一种非物质文化遗产，其艳丽、精巧、独特的形象易于幼儿感受中国传统手工艺的独特魅力、匠人们的巧思、精湛的手艺及寄托的情感。班中幼儿发现了美工区的鬃人作品，对其产生了好奇。幼儿猜测这个奇怪的东西是什么、怎么玩，开始主动搜集资料，一起分享、了解北京鬃人这一非物质文化遗产历史传承的故事，体验北京鬃人与众不同的游戏方式，进而引发了关于鬃人的系列活动。

案例过程：

一、摔倒的鬃人

义铭兴奋地拿着自己制作的鬃人在鼓面上敲击，但是敲击几下后，鬃人就倒了。重复数次后，我发出疑问："他怎么总倒呢？"义铭并没有回答我的问题，而是拿着鬃人开始尝试其他的承载物。在多次尝试仍然失败后，义铭开始思考。

【倾听幼儿】

义铭：怎么总是倒？

教师：你感觉可能是什么问题呢？

义铭：不知道。

教师：昨天知正也遇到了这样的情况，你要不要问问他是怎么解决的？

义铭摆弄着自己的鬃人对知正说："我的鬃人老是倒。"知正看了看："你的人太沉了，你在后面粘个胶钉，一样重就不倒了。""我觉得是太高了，他们做的矮的就不倒。"义铭犹豫了一会儿，把自己的鬃人形象往鬃毛底托的底端粘。"哇！义铭，你的鬃人不倒了，你是怎么做到的?""我把人往下粘，让它变矮，它就不倒了。""哦，原来除了前后重量一样让鬃人保持平衡以外，调整高矮也能让鬃人保持平衡!"义铭高兴地继续游戏了。

【教师分析】

当幼儿发现鬃人作品的问题时，教师充分给予幼儿自主探索的空间，把握好介入的时机，使幼儿了解到同样的问题其他小朋友也遇到过，鼓励幼儿同伴间共享经验，发挥同伴之间互相学习的作用。

二、鬃毛的秘密

云云用长纸条制作鬃人的底托，她在纸条的两面粘上双面胶，从纸杯里小心地捏起了一小撮鬃毛粘在双面胶上，反复按压，之后又把纸条翻面，重复粘贴按压鬃毛。

【倾听幼儿】

小雨："你干吗粘那么多毛，粘一边不就行了?""这样粘的毛多，鬃人不爱倒。我之前粘一圈，玩一会儿就站不住了，毛还掉了好多。""那是你没粘住吧，你多按按。"云云听了后点点头。纸条粘贴完后，云云把纸条做成圆形，并反复粘贴、按压，再粘上自己的鬃人形象，随后兴奋地把鬃人放在托盘上进行敲击，可是鬃人却一直站不住。"老师，我这个可能还是鬃毛的问题，可是我已经粘了很多了。"玉宴指着鬃人说："你看你这里都没毛，肯定站不住呀。""你觉得是这个原因吗?"我问云云。"可能是。"云云拿起鬃人，又开始反复调整。不一会儿她高兴地对我说："老师，你看，我的鬃人不倒了。""哇！你成功了，太棒了！你用了什么方法让你的鬃人站得这么稳?"她兴奋地说："我用了好多毛，都用力粘紧了，毛多才能让它站着，我还用了大的圈儿。""这是你发现的让鬃人转动时不倒的好方法，太棒了。"

【教师分析】

活动前要了解幼儿的前期经验，提供不同层次、不同尺寸的材料，给幼儿的探索提供有力的支持。激发幼儿主动思考，尊重幼儿的想法，创设宽松的便于幼儿相互交流的环境。通过师幼互动帮助幼儿梳理新经验，加速新旧经验的融合。

三、经验大分享

晨宁把一小撮鬃毛在桌面磕齐，然后轻轻地粘贴在纸条上，粘满后小心地调整鬃毛的位置，让鬃毛更均匀地排列在纸条上。看着底托上长短不一的鬃毛，又拿起剪刀开始修剪鬃毛。先一圈圈地修剪，边剪边查看鬃毛的平整度和长度，动作非常迅速。调整完后，鬃人在不断的敲击声中平稳而快速地旋转，吸引了小朋友们的注意。

【倾听幼儿】

老师："晨宁，你的鬃人转得好快啊！碰到其他鬃人也没有倒。"晨宁仰着头，说："我是有秘诀的。""那你能跟我们分享吗？""当然。"说着举起自己的鬃人，指着底部的鬃毛说："我的鬃毛短，我把人放在中间就不会倒了。我的鬃毛不是平的，是斜的，平着的是转不起来的。""你把我们之前搜集资料时了解到的好方法都记住了！真厉害！不过我看白大成爷爷制作的鬃人还能往不同的方向转，你知道是什么原因吗？""这个我得研究研究。我现在先帮帮他们吧。"说完晨宁走到其他正在调整作品的小朋友身边，为别人提供帮助。

【教师分析】

针对班中能力较强的幼儿，教师在肯定幼儿的同时，鼓励他与其他幼儿交流，进而形成同伴间的经验共享。在满足其成就感的同时，也要为其创造下一步的挑战空间，让学习能够不断延伸。

🌷 案例反思：

本次活动是一个从欣赏到体验，再到创造的过程。游戏中，幼儿发现鬃人在敲击的过程中容易倾倒的问题，通过主动思考、同伴帮助、反复尝试、经验迁移等多种方法来尝试解决问题。

1. 能够选择适宜的材料制作鬃人。传统的鬃人制作工艺及材料离幼儿的生活较远，步骤烦琐，于是根据幼儿现阶段的发展水平，我们选择了贴近生活的、常见的、幼儿熟悉的、便于操作的材料来进行鬃人的制作。教师有意识地提供了不同层次的鬃毛底托，便于幼儿根据自己的能力水平、计划、需求，自主选择适宜的材料进行制作。在制作的过程中，幼儿不断调整材料来完善自己的鬃人作品。

2. 勇于探索、细致观察，用多种方式解决平衡的问题。有将近一半的幼儿在制作和游戏的过程中都遇到了和平衡、倾倒相关的问题。有的幼儿初期发现倾倒问题，大胆猜想与探索，不断更换敲击的承载物，寻找到能让鬃人不倒的秘密；有的幼儿通过与同伴沟通，调整鬃人形象的大小、粘贴的位置、配重等，解决倾倒问题；有的幼儿则通过鬃毛的平整度、疏密、长短来解决鬃人的平衡性问题；还有的幼儿能从别人的问题中，提前对自己的材料和作品进行调整，防患于未然。从幼儿的表现中，可以看出他们自主解决问题、勇于探索、爱思考、乐沟通和善于反思等优秀品质。

3. 关键性提问、适时介入，巧妙利用同伴资源达到经验的共享。教师能够发现幼儿的需要，充分给予幼儿自主探索的空间。当幼儿在充分体验游戏的快乐后，发现鬃人倾倒的问题并出现沮丧的情绪时，教师适时地介入，鼓励幼儿寻求同伴的帮助，发挥同伴互相学习的作用。

4. 给予幼儿充分体验、观察、思考的时间，和幼儿一起梳理总结经验。教师需要了解幼儿的原有经验、性格特点及幼儿现阶段的需求。针对不同的性格特点，有意识地用不同的方法帮助其梳理总结经验。对于不善于表达的幼儿，可以鼓励其回忆自己的思考过程，帮助其形成新经验；对于善言谈的幼儿，可以通过提问帮助其梳理总结今天的游戏过程、发现的好方法等，鼓励他与其他幼儿分享，形成新旧经验的快速融合；对于能力强的孩子，要突出他的主体地位，让他充分表达，鼓励其将自己的经验根据不同幼儿的需要，进行有目的地分享。

🌱 阅读思考：

"我的北京鬃人"是以艺术领域为切入点的一个活动案例。通过学习，我对"以美育美"有了更深刻的理解，同时也对美育教育在幼儿阶段的重要性有了更为清晰的认识。

这一活动让我看到了弘扬传统文化在幼儿教育中的独特魅力和深远意义。活动符合大班幼儿的年龄特点、学习方式，幼儿能够在实际操作中大胆、自主选择适宜的材料。活动氛围宽松、融洽，最大化发挥大班幼儿的主动性与合作能力。教师在游戏过程中充分肯定、信任、支持幼儿，让幼儿享受成长的自信与快乐。

从园所文化的角度来看，"以美育美"不仅仅是完成绘画、制作等技能体验，更是通过美的教育，培养幼儿对美的感知、欣赏和创造能力；在体验传统手工艺魅力的同时，培养幼儿的专注性与耐心，发展动手能力和创造力。这种方式，让幼儿在快乐的学习中感受到了美的力量。

从弘扬传统文化的角度来看，北京鬃人作为北京特有的非物质文化遗产，其独特的制作工艺和深厚的文化内涵都是值得我们传承和发扬的。这种文化传承的方式不仅有助于幼儿对传统文化的认识和理解，而且能促进他们对中华优秀传统文化的热爱和传承。

作为一名教育工作者，我也将学习宋老师在美育活动中使用的好方法，继续致力于探索更多符合幼儿成长需求的教育方法，为幼儿的全面发展贡献自己的力量。

（谭　熹）

案例二十一　好玩的足球游戏

班级：大班　教师：王　锐

🐤 案例背景：

最近在户外自主活动时，经常能听到孩子们聊足球："我前几天跟我妈妈一起去看国安打比赛了。""咱们有了这么多新篮球，什么时候要是有新的足球就好了。"分散游戏时，孩子们也会拿足球或篮球踢来踢去。幼儿对足球活动表现出强烈的兴趣，因此我们结合幼儿兴趣开启了足球游戏的探索之旅……

🦋 案例过程：

一、我们收集的足球信息

小朋友们回家通过查阅图书、观看视频、收集图片资料、询问有经验的家长等方式，了解到许多与足球相关的知识。大家收集到的知识主要包括足球比赛的规则、足球的来历、踢球的姿势、球场的分布图等。

熊沣说："后卫分为左后卫和右后卫。"小乔说："每次比赛有两个队伍参加，每个队伍11个人。"顿顿说："可以踩球，可以单脚运球。"

小小将家里的图书带到班上和大家分享，小朋友被图书中各种各样的踢球姿势、搞笑的踢球结果吸引。老师也把自己家里关于足球的书带到幼儿园。孩子们边阅读边观察，总有新发现。

【教师分析】

孩子们表现出对足球游戏浓厚的兴趣，自发通过多种方式获得相关的经验，并在同伴中分享，形成大班的共同游戏和学习。

二、准备踢一场足球比赛

很多幼儿都迫不及待地准备踢一场比赛了。橙子说："看足球比赛不是上来就踢，还有球队问好，还要相互加油打气。"熊沣说："队员还要穿不同颜色的球衣。"牛牛说："咱们还需要球门。踢球要有时间的，要有人记录。"大家发现踢球游戏很简单，可是足球比赛要准备的东西可就多了。

孩子们找到黄老师，一起准备了球衣、守门员专用手套、口哨、罚分牌等（图64）。还一起观看了一场足球比赛的视频转播。孩子们的热情越发高涨，也对如何比赛达成了共识。

图 64

【教师分析】

孩子们对游戏有了共同的关注，带着共同的目标一起准备、努力，很好地体现了幼儿的主动学习，在交流、探索、筹备中建立对足球比赛更多的认知。

三、为足球比赛做准备

在比赛筹备阶段，孩子们推选学过踢球的同伴成为小队长。小队长带领队员创编队名和响亮的口号，还设计了队徽。为了赢得比赛，周末孩子们还拉着自己的爸爸一起踢球。观望的女孩子们在球员的要求下组建了啦啦队，大家共同欣赏并挑选喜欢的音乐和舞蹈，加入了很多自己喜欢的动作。大家都越来越期待比赛了。

还有一些幼儿和黄老师一起为比赛准备材料，比如场地、材料、奖杯、奖状等。大家各有分工，全情投入。

【教师分析】

活动中，老师看到了每个幼儿的关注点和兴趣。幼儿在游戏中以自己喜欢的方式参与，得到了不同能力的提升，例如，交往能力、团队协作能力、语言表达能力、动手操作能力、身体协调能力、合作探讨能力、音乐感知与表现能力等。

四、足球比赛开始啦！

孩子们邀请黄老师当裁判，还吸引了其他班的小朋友来"观战"。有了观众，小球员们斗志昂扬。比赛开始，场上、场下一片欢腾（图65，图66）。

179

儿童视角的幼儿园生活美育课程

图 65

图 66

【教师分析】

终于迎来了比赛，孩子们的游戏达到了高潮。过程中，不论是否上场，不论承担什么角色，孩子们都在活动中获得了快乐和成功，也看到了自己和同伴身上最闪耀的一面，增强了团队协作能力、集体荣誉感与归属感。

五、赛后会议

每次足球比赛之后，孩子们都会热烈讨论，于是形成了赛后儿童会议。讨论中，大家充分发表自己的看法，并在相互倾听中交流经验。

【倾听幼儿】

老师不禁发问：我们已经踢了好几场足球了，你们都有什么感受？

元宝：我们队输了也不要放弃，因为友谊第一比赛第二，我们输了一局，可能下两局能赢。

沣沣：我特别开心，因为我们队伍里面我和格恺最强。

顿顿：我们有了新的队长，我很开心（图67）。

图 67

180

凡语：昨天足球赛后，我出了一身汗。我还一直记着不能犯规，要不然就该被罚下场了（图68）。

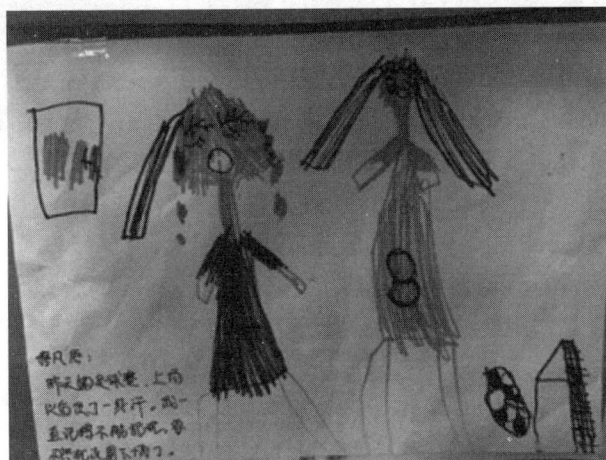

图 68

岐岐：我觉得啦啦队员的舞蹈非常好看（图69）。

图 69

谦谦：我觉得当观众很无聊，不过当计分员和计时员挺好玩的。

汤圆：我做了奖杯，我觉得很好玩，虽然做起来有点难，不过我挑战了自己。

梓熙：我是主持人，当主持人的感觉特别好，可以给小球员加油，还可以主持那场比赛。

小乔：今天我是裁判，我很开心。

小丁：我今天在足球比赛中当球童，当球童可以把球传给守门员，先把替补球给球员，再去捡球也不迟。

【教师分析】

幼儿的表达都是在活动中的真实感受，不论是开心的还是不开心的，都在丰富幼儿的游戏经验。因为是自己喜欢的游戏，所以幼儿能够接受不同的结果，也能以接纳的心态去面对失败，表现出很好的运动精神。

案例反思：

通过一段时间的活动，足球比赛成了全班幼儿共同的游戏。有了孩子们的激励，教师也自发利用业余时间去寻找相关视频、图片和案例，及时梳理出足球活动相关的内容，不断丰富对足球比赛的认识，从而在师幼互动中能够更好地与幼儿交流，实现师幼共成长。

阅读思考：

王老师很敏锐地抓住了孩子们的兴趣，在游戏的过程中，从始至终支持孩子作为游戏的主人，鼓励幼儿发现问题、解决问题、分享总结。足球是一项大家熟知的体育运动，但是只有亲身参与才会有深刻的感受。孩子们在整个游戏中选择扮演不同的角色，对足球及足球赛都有了更全面的认识，做到了在游戏中的真自主。同时，教师不仅在恰当的时候提供了适宜的材料支持，而且通过教师分析幼儿游戏后的表征也能够感受到王老师对孩子们的持续关注，也让我意识到，游戏后的经验梳理对深入开展游戏有着深刻的意义。

（黄湜恩）

案例二十二 视角的转变促成专业的工作

部门：食堂 教师：罗 颖

案例背景：

一直以来，我园食堂按照"中国学龄前儿童平衡膳食宝塔"制订幼儿每月带量食谱。过程中，我们汇集保健、食堂、后勤三方面力量，对于应季菜品进行精心地搭配组合，致力于制订营养丰富、色味俱佳、幼儿喜欢的食谱，实现营养膳食的科学化、专业化管理。但在工作过程中，我们也发现，成人精心设计好的营养健康食谱，有的时候却并不受幼儿喜欢。看着剩余的食物，如何从幼儿视角出发，将幼儿膳食做到既有营养，能够符合幼儿身体发展需要，又符合幼儿喜好，似乎成为我们工作中的新难题。

案例过程：

一、被剩下的莲藕

今天，幼儿的午餐是"糖醋莲藕丁"，名字听上去酸酸甜甜的，在夏天作为开胃菜品简直太适合不过了。食堂师傅们信心满满地制作，然而转餐中的反馈却出乎我们的预料。大多数孩子都只吃另一道菜品，莲藕很少有人问津。这样的情况让转班的师傅百思不得其解，难道是味道不好？询问陪餐的人员藕丁的味道如何，得到了很高的评价。那是哪里出现了问题呢？这时一个孩子说："老师，这个菜太硬了，我咬不动！"孩子筷子上夹着的正是一块莲藕。原来是莲藕太硬了……

这个发现让食堂人员一直苦恼的食物剩余量大的问题有了答案，分析食物剩余的情况，往往都集中在有特殊气味或者特殊口感的食材上。基于这个发现，食堂班组召开班会，对食谱进行了分析，找出幼儿不喜欢的食物，并计划在新食谱的制作过程中去掉这些食物。

【教师分析】

转班的发现让我们有了思想上的转变，在为幼儿设计食谱的过程中，我们不光要考虑科学合理、营养搭配，更重要的是要从幼儿的视角出发，找到他们喜欢的、愿意接受的食物。因为只有幼儿将食物全部吃下去，才能够最大程度地获取身体所需的营养。这种从专业视角转化为幼儿视角的过程，体现了幼儿教育工作者的专业思考。

二、莲藕大变身

很长一段时间，"糖醋莲藕丁"这道菜都没有出现在幼儿的食谱中。而在一次商定食谱的过程中，莲藕再次成为焦点。

秋季天气干燥，孩子容易出现咳嗽的情况，于是在制订食谱的过程中就想选择能够润肺降噪的食材来制作幼儿餐食。"莲藕"就成了讨论的话题。莲藕很好，但是之前的制作方法并不能得到幼儿的认可，这怎么办呢？这个问题再一次被拿到了食堂班会上讨论，于是一场"一食多研"的讨论便展开了。一个中午的时间，莲藕丸子、莲藕包子、莲蓉粥等食物便出现在幼儿的新食谱中。

【教师分析】

在由问题引发思考的过程中，"一食多研"的研究活动就此展开。作为专业的膳食制作团队，他们有着强烈的责任心和专业能力。反观之前的工作，我们为幼儿制订食谱、食堂工作人员按照带量制作食谱的过程，恰恰也是将工作固化的过程，专业人员失去了专业的思考能力，也失去了主动学习的能力。很庆幸这个及时的发现让我们看到了问题的本质并很快进行调整。在下一步的工作中，可以为食堂人员提供更好的学习和实践的平台。

三、"二十四节气"引发的思考

在一次升旗仪式上，教师向孩子们介绍二十四节气的由来和节气特点。当介绍到立冬吃羊肉的时候，孩子们提问："我们什么时候吃羊肉呢?"这个问题触动了我们，食堂人员再一次提出了新的想法：我们可以把"二十四节气"的食俗引入幼儿食谱中，这样既能够弘扬中华民族的传统文化，又能够借节气的时节特点为幼儿的生长发育提供关键的营养支持。于是在接下来的寒假工作中，收集适合幼儿特点的二十节气美食就成了食堂人员的"寒假作业"。

【教师分析】

在经过了视角转变、主动学习后，食堂工作人员萌生了创新研究的想法。而这种大胆创新的工作态度，也说明在不断的工作过程中，食堂工作人员对于自身的要求也在不断提高。我想这也许就是我们说的"内驱力"。其实每个人都是有能力的学习者。也许正是在这一次次收获的成就感后，我们也找到了专业的价值，体验了职业的快乐，感受了个人的魅力。

四、我们一起做蛋挞

节气活动在园内持续开展。一次，班级老师询问食堂师傅蛋挞怎么做，细细了解后才知道，原来是到了霜降节气，幼儿园的柿子熟了，幼儿想用柿子做出好吃的蛋挞。但是蛋挞可不是那么好制作的，不仅要有比例合适的蛋挞液，还要控制和掌握好火候和温度，这让不常下厨的老师们犯了难。这时，食堂工作人员主动说："要不我来带着孩子们做?"于是特殊的"老师"和孩子们进行了一次"做蛋挞"的活动。

🌷 案例反思：

其实无论是以儿童视角出发开展工作，还是主动地研究和学习，都是因为我们是在幼儿园食堂工作的人员。我们的服务对象是"幼儿"，因此我们就不只是厨师，还是一名幼儿教育者。因此无论做什么样的研究，我们的目的终将回归幼儿。作为一名专业的幼儿食堂从业人员，我们不仅要有专业的食品制作能力，还要有专业的幼儿教育能力。在这次活动中，我们收获的不光有孩子一声声的感谢，更有在与幼儿互动中的专业经验。在这个过程中，我们有倾听孩子的表达、有支持孩子的想法、有相信孩子的能力。在这个活动中，我们和幼儿都有收获。

管理思考：

案例展现了保健、食堂、后勤三位一体的研究实践过程，他们从岗位走进班级，从幕后走向孩子，满足了孩子们的好奇心与探索的愿望。可以看出，孩子们积极踊跃，主动学习，一起制作柿子蛋挞。

通过案例，我们看到几个转变：从厨师向幼儿厨师、教育者的角色转变；以单纯追求色香味向以幼儿为本的思想认识改变；从食谱制订、食品制作向研究幼儿、研究食谱、研究食材、研究制作方法的转变。

（边　静）

第三章

儿童视角的幼儿园生活美育课程问答

问题一　怎样才能倾听到幼儿的真想法、真兴趣？

问题分析：

幼儿的思维以具体形象思维为主，注意力易转移，有的幼儿善于用语言表达，有的幼儿善于用动作表达……每个幼儿是独特的个体，有不同的游戏兴趣和需求。同时，幼儿在家庭、幼儿园和社会中的经历不同，在不同场合中表达出的想法和兴趣也不同。因此，需要我们在一日生活中敏感地捕捉幼儿的真想法和真兴趣。

策略梳理：

1. 丰富游戏环境。师幼共同收集游戏材料，在丰富的游戏活动中，幼儿动手操作、亲身体验，会产生更多的兴趣和需求。

2. 运用多种马赛克方法。综合运用多种马赛克方法，持续开展一对一倾听，深入和细致地了解每位幼儿的需求和兴趣。

3. 多视角参与。结合不同视角，如班级不同教师、家长、其他幼儿等，分析和了解幼儿的兴趣和需求。如当班级教师对于幼儿的真想法识别不够准确时，班级教师及时召开班会讨论，从多个视角了解幼儿，看见更加完整的幼儿。

例如，在班级乌龟乐园游戏中，提供多种材料，如轮胎、纸箱、积木、石头、袋子等，丰富环境。班级教师综合运用幼儿绘画表征、拍照记录、小组讨论和一对一倾听等方法，了解幼儿当下的游戏兴趣和下一步计划。同时，倾听家长，了解幼儿对乌龟的已有经验，从而全面研判幼儿的游戏行为和游戏兴趣。有的幼儿对乌龟的旅游感兴趣，有的幼儿对乌龟的房子感兴趣……针对幼儿不同的兴趣，真正地支持幼儿真想法和真兴趣的实现。

（李雨晴、宋紫月、马庆庆）

问题二　幼儿的表征方式有哪些？如何运用幼儿的表征内容？

问题分析：

幼儿的表征方式有很多种，每位幼儿都有自己喜欢的表征方式，有的喜欢用语言表征，有的喜欢用肢体动作表征，还有的喜欢用绘画的方式表征。不同的表征方式也对应着不同的记录方式，如张贴在墙面上、幼儿个人记录本、录音盒、拍照、作品等。幼儿常见的表征方式有：

1. 绘画表征。绘画表征是幼儿最常使用的表征方式之一，通过绘画表达其内心世界和对周围环境的认知与感受。绘画表征的内容丰富多彩，涵盖了身边环境、自然景物、人物形象，甚至是幼儿内心的各种想法。

2. 声音表征。声音表征是一种重要的交流和表达手段。它通过说话、唱歌、演奏及模仿自然世界中的声音等来表达内心世界，促进幼儿语言、社交和情感能力的全面发展。

3. 动作表征。动作表征是通过动作来再现经验。例如，幼儿通过拍手表示高兴，这种直接的动作帮助他们理解和表达情感。

当把这些表征记录下来后，教师会面临一系列问题，如这些表征有什么用？怎样运用才能发挥表征的价值和意义？

策略梳理：

幼儿的表征内容可以运用于幼儿自己、幼儿同伴、教师和家长。

1. 幼儿回顾。对于幼儿来说，看到自己的表征内容，能够支持自己回顾游戏与收获，帮助自己明确游戏的计划和目标。在班级有一块属于自己的空间是对幼儿的一种认可和尊重。通过展示，幼儿表达自己，感受到自己的思想和感受是值得被听见的。同时，可以进行每周、每月的表征回顾，幼儿可以清晰地了解到自己持续的游戏内容，对于持续游戏及经验梳理有很大的帮助。

2. 同伴分享。呈现在墙面上的内容谁都可以看到，有助于梳理和共享幼儿的经验和知识，促进同伴间的学习。

3. 教师观察。通过一对一倾听幼儿的多种表征内容，教师可以更深入地了解每个幼儿的兴趣、需求、想法和情感。这有助于个性化支持，满足不同幼儿的学习需求。

4. 家园沟通。将幼儿的表征内容分享给家长，有助于家长了解幼儿在幼儿园的表现和需求，提供反馈和建议，从而更好地支持幼儿学习。

幼儿的表征方式有很多种，作为教师，我们不能为了让幼儿表征而表征。我们帮幼儿记录下的是他们的真想法，表征并不是目的，我们要综合运用多种表征方式、呈现方式，多角度理解和支持幼儿的学习与发展。

（黄湜恩）

问题三　如何看待幼儿画的和说的不一样的问题？

问题分析：

小班幼儿处于涂鸦期，有时绘画内容不能充分支持他们的表达，经常会有绘画内容与游戏、讲述不一致的情况。因为小班幼儿的绘画与语言发展能力并不是齐头并进的。例如，绘画内容为线条涂鸦状，但讲述十分清晰且内容丰富。其中也有的幼儿绘画内容十分丰富，但讲述较为有限。例如，幼儿在游戏活动后分享："我在彩泥那里和大棋玩了火车轨道，用粉色泥做的轨道，做完后摆在了桌子上，让其他小朋友玩。我还在建筑区破坏了大棋的作品，结果他生气了，后来我就出来了。明天我还想玩彩泥的游戏。"但游戏后绘画时却说："这是一团暴风，中间打雷了，声音很大很大，天空被劈出了一个大口子（图 70）。"

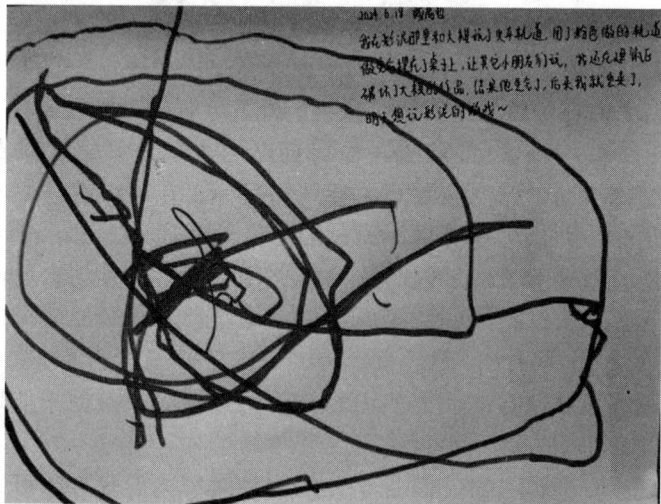

图 70

中班幼儿能用简单的图形来表达自己的游戏，进一步注重记录细节，同时表达内容也较为丰富。有时也会出现说的和画的不一样的情况。幼儿把绘画当成一种游戏，表达了他当下最喜欢、最关注的事物。例如，幼儿在游戏后表达："这周我最开心的事是妈妈来幼儿园陪我玩，我最不开心的事是我总是摔倒，就像小球轨道一样，总是摔倒。"幼儿画的却是："我画了一个桌子，小球从桌子的两侧掉了下来（图71）。"

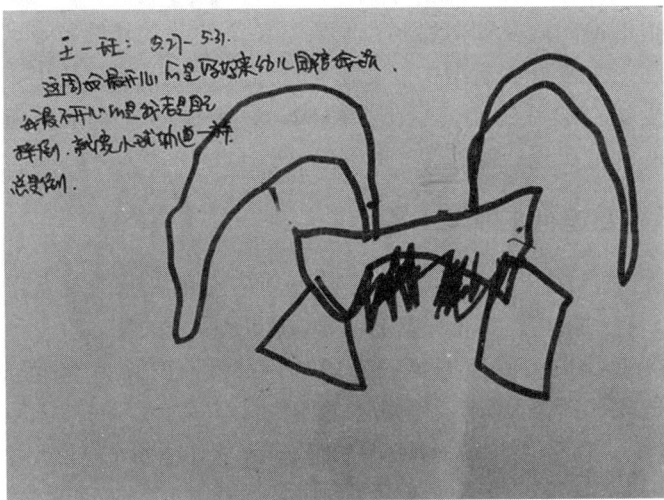

图 71

策略梳理：

1. 绘画表征是幼儿自我表达和感知世界的重要方式。我们要接纳和尊重幼儿的年龄特点，支持、肯定幼儿的表征，给予幼儿宽松的空间，鼓励幼儿大胆地表达与创作。

2. 无需追求绘画与语言的一致性，当幼儿画的和说的不一致时，其实是为我们提供了多种方式来走进他们的内心。我们要更好地发挥二者结合的功效，认真倾听幼儿的表达，适当进行追问，捕捉幼儿传递的更加多元、全面的信息。

3. 教师为幼儿提供复盘自己绘画表征的机会与空间，如将幼儿的绘画表征按照日期连续张贴在墙上，鼓励幼儿自主阅读自己、同伴的绘画表征，进行回顾与梳理，丰富幼儿间的游戏和表征经验。

4. 定期与家长沟通，分享儿童视角下表征、游戏的情况，使家长获得更加完整的信息，家园共育支持幼儿的游戏。

（王　震、施　蕊）

问题四 教师在一对一倾听和记录时，能否追问？怎么追问？

问题分析：

首先，追不追问以及如何追问，需要看每个幼儿的年龄特点，前提是我们的师幼互动在一个良好的氛围中。交流中，避免让幼儿感到压力，要努力为幼儿创设一个爱说、敢说的愉悦氛围。其次，是否追问也要依据当下的情况而定，从下面两种情况进行阐述。

一、不需要追问的情况

1. 幼儿能够合情合理表达自己的想法，并且有清晰的观点，对于自己的游戏有思考、有想法，这样的情况需要教师倾听后再关注。

2. 幼儿对自己的游戏有明确的计划时，教师需要充分倾听，给予幼儿肯定，后续再关注和支持。

二、需要追问的情况

1. 在一对一倾听中，幼儿表述简单、不清晰时，我们需要通过追问、反问，了解幼儿的游戏意图。

2. 当幼儿每日都是重复性游戏，绘画表征出现每天都是相同内容的时候，需要追问了解游戏情况。

3. 当进行小组回顾时，幼儿只关注自己负责的那部分时，需要教师追问，帮助幼儿整合游戏经验。

策略梳理：

1. 当幼儿的表述过于简单时，教师需要在交流中帮助幼儿梳理表达的完整性，可采用追问法、反问法拓展幼儿思维。例如，当幼儿表达"我们今天玩了这个游戏，很开心"时，教师可追问"为什么开心""后续怎么样了""你还想做什么"，来启发幼儿将事情说完整。

2. 当幼儿每日重复游戏时，教师可采用聚焦提问法。例如，幼儿每天自主游戏时都会重复折纸飞机，我们可以采用聚焦提问法询问幼儿，如"你昨天折的和今天折的有什么不一样""你觉得哪个地方折起来最难""有什么好办法""还可以怎么折""你还想做什么"等，从聚焦幼儿当下的关注点到帮助幼儿深化游戏内容，进而拓展新的游戏。

3. 当小组回顾出现各说各的情况时，教师可采取观察法、甩锅式提问、接力式提问等师幼互动方式。例如，幼儿合作游戏后，在小组回顾时只关注自己的游戏内容，教师可以先观察，关注每一名幼儿都在说什么。当幼儿出现游戏困难时，教师可以说："你可以问问××，他应该知道。"通过甩锅式提问，建立幼儿间的交流及倾听意识。也可以通过依次交流的接力式提问，养成小组间轮流讲话、互相解答、倾听的习惯。

（席　文）

问题五　如何依据幼儿的兴趣，支持幼儿游戏？

问题分析：

当我们倾听理解了幼儿的兴趣后，通过有效的支持，可以保护幼儿的游戏兴趣，引发幼儿的深度学习和全面发展。

策略梳理：

1. 提供玩具材料的支持。提供丰富多样的玩具和材料，满足幼儿不同的兴趣和需求。玩具和材料应具有启发性、多功能性，支持幼儿的探索和想象力。

2. 创设宽松的游戏氛围。审视班级环境是否自由自主，是否倾听了幼儿，幼儿是不是真正的主人。

3. 共情幼儿的游戏。教师积极一对一倾听幼儿的游戏，共情和读懂幼儿游戏的情感、需求。观察幼儿的游戏，了解他们的需求和兴趣，有针对性地提供支持，促进幼儿的全面发展。

4. 多种方式回应幼儿。始终专注地观察，依据不同幼儿的需求，可以通过陪伴、表情、眼神、动作、提问、追问、参与等多种方式回应和支持幼儿的好奇、好问与游戏学习。幼儿感到被重视和支持，获得爱与自信、学习与发展。

（邢　菲）

问题六　教师如何开展丰富、多元的儿童
视角的生活美育课程？

问题分析：

1. 美育内容单一。美育局限在传统艺术教育，忽略了生活背景下的美育

内容，与幼儿的生活关系不紧密，幼儿兴趣不高、参与感不强，致使幼儿缺乏创造力。

2. 教育手段单一。没能更好地满足幼儿通过直接感知、实际操作和亲身体验获得经验的需要，缺乏趣味性。

3. 教师美术素养有待提高。教师对于生活美育的含义和价值理解不够深入，不能更好地以儿童视角开展活动。

4. 缺乏资源利用。忽略了运用一日生活中的各种资源，体会身边的美好和美的存在。

策略梳理：

1. 倾听儿童视角。倾听幼儿对生活中美的感受，发挥幼儿的主体性，发现幼儿的发现，欣赏幼儿美的创造。

2. 扩展美育内容。幼儿在自然、社会、艺术等生活中全方位发现美、创造美，获得多元审美经验，向往和追求美好生活。

3. 创新教育手段。珍视生活和游戏的价值，创设丰富的生活美育环境，最大限度地支持幼儿在体验、操作、游戏中学习。

4. 提升教师美育涵养。新时代教师具备感受和体验生活中美好事物的审美素养与审美能力，倾听、理解和支持幼儿美的感受与创造，保障生活美育落地。

5. 运用多种资源。运用一日生活中美的人、事、物，与家长建立起良好的沟通渠道，拓展教育资源。

（刘蒿镉、邢　菲、谭　熹）

问题七　在儿童视角的生活美育课程中，如何满足和支持幼儿的不同需求？

问题分析：

每个幼儿都是独特的个体，他们的所思所想、兴趣爱好、发展需要等不同，有质量地支持每一个个体的需求，是必要且必需的。在实际工作中，班级幼儿众多，教师有时很难了解并支持每一名幼儿的真实想法和发展需求，对幼儿的性格、兴趣、能力等把握得不够准确和细致，支持不到位或者滞后。在生活美育课程中，如何支持每一名幼儿的需求，支持每一名幼儿在自己原有的基础上获得发展是我们需要思考和面对的问题。

策略梳理:

1. 情感氛围支持。每名幼儿都是独一无二的个体，我们要尊重、悦纳每一名幼儿，用正确的儿童观、教育观积极看待每一名幼儿，用心观察和一对一倾听、了解每名幼儿的特点和需求，并为其发展提供有力支持。

2. 重视环境和材料的层次性。幼儿在与环境、材料的互动中获得美的感受与创造，我们要重视环境和材料的多元化，支持不同需求的幼儿自主探索与表达创作。例如，在表达对红军叔叔的情感时，有的幼儿借助图画书，有的幼儿通过表演，有的幼儿玩红军游戏等。

3. 关注个性化支持。在生活美育课程中，我们要关注全体幼儿的具体表现，并根据幼儿的兴趣和发展需要，提供个性化的支持。例如，足球游戏中参与的每名幼儿身体素质不同、对于足球游戏的经验不同，他们的关注点也有所不同，如有的幼儿对比赛规则十分重视和感兴趣，有的幼儿对计时器兴趣浓厚。基于幼儿的不同兴趣和需要，我们要支持每名幼儿在游戏中快乐发展。

4. 重视教师之间的合作。要支持每一名幼儿的发展，教师之间需要互相倾听，通过班会、日常沟通等形式，分享自己对幼儿的发现、思考、困惑等，共思共研，促进个体、小组乃至全班幼儿的发展。我们还要根据自身擅长的内容，互相学习、合理分工，有针对性地支持每名幼儿。

（王　锐、张凯悦）

图书在版编目（CIP）数据

儿童视角的幼儿园生活美育课程 / 梁艳主编.

北京：中国农业出版社，2025.1. -- ISBN 978-7-109-
32855-6

Ⅰ. G613

中国国家版本馆 CIP 数据核字第 2024CL4959 号

儿童视角的幼儿园生活美育课程

ERTONG SHIJIAO DE YOUERYUAN SHENGHUO MEIYU KECHENG

中国农业出版社出版

地址：北京市朝阳区麦子店街 18 号楼

邮编：100125

责任编辑：马英连

版式设计：杨　婧　　责任校对：吴丽婷

印刷：三河市国英印务有限公司

版次：2025 年 1 月第 1 版

印次：2025 年 1 月河北第 1 次印刷

发行：新华书店北京发行所

开本：700mm×1000mm　1/16

印张：13

字数：247 千字

定价：68.00 元